고환율의 음모

| 일러두기 |
이 책은 2010년에 출간된 《환율지식이 돈이다》의 개정증보판임을 밝힙니다.

KI 신서 3813
고환율의 음모

1판 1쇄 발행 2012년 3월 5일
1판 2쇄 발행 2012년 3월 15일

지은이 송기균
펴낸이 김영곤 **펴낸곳** (주)북이십일 21세기북스
부사장 임병주 **편집팀장** 정지은
책임편집 윤지영 **디자인 표지** 씨디자인 **본문** 성인기획
MC기획1실장 김성수 **BC기획팀** 심지혜 홍지은 양으녕 **해외기획팀** 김준수 조민정
마케팅영업본부장 최창규 **마케팅** 김현섭 김현유 강서영 **영업** 이경희 정병철
출판등록 2000년 5월 6일 제10-1965호
주소 (우 413-756) 경기도 파주시 문발동 파주출판문화정보산업단지 518-3
대표전화 031-955-2100 **팩스** 031-955-2151
이메일 book21@book21.co.kr **홈페이지** www.book21.com
21세기북스 트위터 @21cbook **블로그** b.book21.com/book_21
ⓒ 송기균, 2012

ISBN 978-89-509-3569-6 03320

책값은 뒤표지에 있습니다.
이 책 내용의 일부 또는 전부를 재사용하려면 반드시 (주)북이십일의 동의를 얻어야 합니다.
잘못 만들어진 책은 구입하신 서점에서 교환해 드립니다.

서민지갑을 강탈한
검은 손의 실체

고환율의 음모

송기균 지음

21세기북스

| 프롤로그 |

'환율'의 눈으로 한국경제와 주식시장을 꿰뚫어본다

2010년 2월, 어느 대학교수가 KBS TV에 나와 강연을 한다. 수백만 가정주부들이 시청하는 아침 방송에서다. 노무현 정부가 환율을 너무 떨어뜨려 경제가 위기에 처했는데, 다행히 MB정부가 집권하고 강만수 장관이 등장하자마자 환율을 올려 한국경제가 위기에서 벗어났다는 스토리다.

2009년 5월, 어느 신문은 "환율이 1570원에서 두 달 만에 1250원으로 하락하여 한국경제에 적신호가 켜졌고 기업들을 옥죄고 있다"라며 근심 어린 목소리로 국가 경제를 걱정한다.

MB정부 들어 방송과 신문에서 심심치 않게 볼 수 있는 장면들이다. MB정부가 재벌, 보수 언론과 합세하여 끊임없이 주입시킨 '고환율 찬양론'은 이제 국민들의 머릿속에도 견고하게 자리 잡았다.

고환율정책이 과연 국가 경제를 살리고, 국민들의 살림살이에 보탬이 되었을까? 이 질문에 대해 속 시원히 대답해주는 정부 고위직이나 언론 혹은 교수들을 나는 아직 보지 못했다. 입으로는 끊임없이 "고환율이 경제를 살린다"고 외쳐대지만 정작 그 증거는 내놓지 못한다.

이 책은 그 질문에 대한 대답이다. 과연 환율이 상승하면 경기가 좋아지는 것인지, 아니면 극소수의 수출 대기업들 경기만 무지무지 좋아지고 국민들 대다수와 자영업의 경기는 심각하게 침체되는 것인지, 이 책을 읽고 나면 또렷하게 이해할 수 있을 것이다.

MB정부 경제 정책의 핵심요소는 '유동성' '환율' '재정적자'였다. 이 세 경제 변수를 정확히 파악하면 그동안 고개를 갸웃했던 여러 경제 현상들이 쉽게 이해된다. 경제성장률은 높은데 왜 서민 경제는 더 어려워지는지, 왜 600만 자영업자들이 외환위기보다 더 큰 고통을 겪고 있는지, 지난 3년간 한국의 부동산과 주식시장이 전 세계에서 최고의 상승률로 승승장구한 진짜 힘이 무엇이었는지 등등.

그뿐이 아니다. 집을 사야 할지 아니면 팔아야 할지를 고민하는 사람이라면 '유동성'을, 그리고 주식시장에 관심 있는 투자자라면 '유동성'과 '환율'을 분석하면 부동산과 주식시장의 향후 전망에 대한 통찰력을 얻을 수 있다.

이 책은 세 경제 변수 중 하나인 '환율'을 분석하여 한국경제와 금융시장의 현실을 꿰뚫어보고 앞으로의 일들을 전망하고 있다. 한마디로 환율을 통한 경제 분석과 전망이다.

1장에서는 환율이 현실 경제에 어떤 영향을 미치고 있는지를 보여준다. 환율에 관한 많은 책들이 1장에서 환율의 개념과 제도, 결정요인 등 이론을 다루는 것과 달리, 우리가 일상에서 접하는 다양한 경제현실의 밑바탕에서 환율이 어떻게 작동하고 있는지를 살펴보았다. 특히 '어느 중소기업 사장의 기막힌 사연'은 고환율 음모에 휘말렸던 희생자의 육성을 생생하게 전한다.

환율이 어떻게 결정되는지는 2장에서 다룬다. 딱딱한 이론이 아니라 실제로 지난 4년간 환율이 어떻게 결정되어 왔는지, 데이터와 사례를 통해 분석한다. 환율의 결정이 생각했던 것보다 훨씬 더 단순하고 이해하기도 쉽다는 사실을 2장을 읽고 나면 깨닫게 될 것이다. 또한 '제2의 외환위기' '국제투기자금의 거대한 투기'와 '키코 사태' 등 고환율에서 파생된 이야기를 통해 그동안 고개를 갸웃했던 현상들의 전모를 파악할 수 있을 것이다.

3장은 환율이 거시경제와 서민들의 살림살이에 어떤 영향을 미치는지를 기초적인 경제이론을 활용하여 분석한다. 한발 더 나아가 '환율'이라는 경제요소가 '경제성장률'과 '가계부채'라는 더 중요한 경제요소에 미친 영향을 조목조목 분석하고 실증적으로 검증한다. 지금까지 수도 없이 들어서 머릿속에 굳어진 고환율의 미신들이 산산이 깨져나갈 것이다.

환율이 직접 영향을 미치는 곳이 주식시장인데 이에 대해서는 4장에서 자세히 분석한다. 2011년 8월 주식시장에 큰 변화가 닥쳤다. 강세장에 익숙해진 투자자들은 당혹을 넘어 공포에 휩싸였다. 환율의 눈으로 주식시장의 과거와 현재를 꿰뚫어보면 미래가 뚜렷이 보인다. 왜 한국에서 가장 거대한 머니게임이 벌어졌는지, 국제 투기 세력들은 엄청난 이익을 챙겨서 무사히 한국을 떠날 것인지, 상장기업의 이익은 향후 어떻게 변할 것인지 등 주식시장에 대한 모든 궁금증에 명쾌한 대답을 들려준다.

이 책은 《환율지식이 돈이다》의 기본 틀을 그대로 유지하고 있다. 어찌 보면 개정판과 속편의 중간쯤 되는 셈이다. 1장에서 3장 전반부까지의 글들은 이전 책의 구성을 유지한 채, 수치를 업데이트하고, 이전 책이 발간된 이후에 발생한 환율과 관련된 경제현상을 추가하고, 문장을 좀 더 읽기 쉽게 손보았다. 3장 후반부와 4장은 완전히 새로 쓴 글들이다.

이전 책을 읽은 독자들이라면 2010년 5월 저자가 제시한 전망들이 얼마나 현실화되었는지 아니면 얼마나 엉터리였는지를 검증해보는 재미도 맛볼 수 있으리라 기대한다. 독자들의 따듯한 비판을 기대해본다.

2012년 1월

송기균

| 차례 |

프롤로그 '환율'의 눈으로 한국경제와 주식시장을 꿰뚫어본다 • 4

제1장 고환율의 경제학 – 얻은 자와 잃은 자

01 자영업, 왜 끝없이 추락하나 • 15
02 삼성전자, 사상 최대 실적의 내막 • 21
   "환율 효과를 빼면 사상 최대 적자 났을 것"
03 환율 폭등의 손익계산서 • 28
04 174조 원의 거꾸로 된 소득재분배 • 33
05 스톡옵션 '대박'과 엥겔계수 '최고'의 상관관계 • 39
06 불경기에도 물가가 급등한 까닭은 • 46
   3년 5개월간 MB물가지수 22.6% 상승 | 3년 6개월간 명목임금 7.3% 미만 상승 | 원자재 가격이 급락한 2009년 한국만 물가 상승
07 키코 사태, 우량 중소기업들을 '흑자도산'의 벼랑으로 내몰다 • 56
08 어느 중소기업 사장의 기막힌 사연 • 62

제2장 고환율의 역습 – 시장의 실패, 투기 그리고 위기

   01 원화 환율, 적정수준인가 · 71
   02 외환시장에 수요와 공급의 법칙은 있는가 · 77

   경상수지 654억 달러 흑자, 외국인 362억 달러 순매수 | 국내 기업의 해외 직접투자 671억 달러 | 달러의 공급이 수요를 1.2억~226억 달러 초과

   03 환율을 조작하는 '보이는 손'의 정체 · 86
   04 한국에만 몰아친 '제2의 외환위기' · 91
   05 환투기 세력의 원화 공격 시나리오 · 98
   06 키코 기업들, 법적 다툼의 끝은 · 111
   07 국제투기자금, 거대한 투기판을 벌이다 · 122

제3장 고환율의 음모(I) — 환율경제학의 거짓말들

01 환율 하락은 한국경제에 적신호다? • 131

02 기업 이익이 증가하면 경제가 살아난다? • 137

03 경제는 성장해도 서민들은 더 가난하다, 왜? • 146
   MB정부 3년간의 재정적자 72조 원 어디에 쓰였나

04 고환율이 경제성장에 기여한다? • 153
   소비 능력이 경제성장을 결정한다 | 고환율로 2년간 가계소비 약 94조 원 감소 | 2009년 수출액 14% 감소가 의미하는 것은

05 재정적자와 가계부채에 기댄 경제성장 • 164
   2년간 재정적자로 만들어진 경제성장률 5.5% | 3년간 공공부채 GDP의 24% 증가 | 가계대출 급증이 가계소비 증가에 기여

06 서민의 돈으로 미국경제를 살린다 • 175

07 '잃어버린 5년'과 자영업자의 이중고 • 180

제4장 고환율의 음도(Ⅱ) – 위험한 머니게임

01 2011년 8월 주가 대폭락의 진짜 이유는 • 191
조지 소로스, 머니게임의 종말을 예고하다

02 국제투기자금 끌어들이기 • 200
물가를 포기하고 고환율로 회귀한 까닭은

03 주식 작전 코드명, 환율 • 210
IMF, "환율 개입하면 투기세력 몰려온다"

04 거대한 투기, 성공할까 • 217
2008년 9월 국민연금 2조 원 순매수의 내막 | 연기금, 사상 초유의 순매수 행진

05 지상 최대 머니 게임의 시나리오 • 226
국민연금과 개인들, 국제투기자금의 매물을 받아주다 | 한국 주가, 전 세계 최고의 상승률 기록

06 한국 주식시장의 펀더멘털은 • 235
기업의 미래 0 익이 적정주가를 결정한다 | 상장기업 순이익이 2011년 10%, 2012년 17% 증가할까 | 2010년 상장기업 순이익의 47%는 환율 효과였다 | 2011년 2분기 상장기업 순이익 11% 감소

07 환율과 주가, 어느 방향으로 움직일까 • 246
정치에 답이 있다 | '경제에 공짜 점심은 없다'

에필로그 주식시장과 경제에 몰아칠 회오리에 대비하자 • 255

제1장

고환율의 경제학
얻은 자와 잃은 자

2011년 3월 23일 어느 신문의 여론조사 결과, "지난 3년간 가계경제가 매우 나빠졌다"가 67.1%, "조금 나빠졌다"가 26.3%로, 우리 국민의 93.4%가 MB정부 이전보다 살림살이가 더 어려워졌다고 응답했다.

여론조사 두 달 전인 1월 27일 한국은행의 한 고위 간부는 "우리나라가 금융위기 국면에서 완전히 벗어났다"라고 공식 발표했다. 그뿐이 아니다. 대통령도 TV에 나와 한국의 경제성장이 OECD 국가 중에서 최상위권이라고 자랑을 늘어놓았다.

이처럼 정부의 높은 사람들은 봄이 왔다고 기뻐하는데, 서민들은 아직도 한겨울 삭풍한설에 외투깃을 여미고 있다. MB정부가 조자룡 헌 칼 쓰듯 마구 휘둘렀던 '유동성' '환율' '재정적자'에 대해 알고 나면 이런 극단적인 현실을 이해할 수 있다. 그 셋 중에서 '환율'의 눈으로 한국경제의 현실을 들여다보자.

01

자영업,
왜 끝없이 추락하나

2009년은 자영업자들에게 가혹한 한 해였다. 600만 명에 달하는 자영업자의 상당수가 적자에 허덕였고, 그중 많은 사람들이 사업을 지속할지 아니면 문을 닫을지 심각하게 고민했다. 가족의 생계를 꾸려가기 위한 마지막 보루로 시작했던 사업이 빚만 잔뜩 남긴 채 문을 닫아야 하는 상황이었으니 잠 못 이룬 밤들이 그 얼마나 많았을까.

정부가 발표한 자료를 보자. 통계청이 발표한 '고용동향'에 따르면 2009년 한 해 동안 자영업자수가 25만 9000명이나 줄었다. 2010년에도 11만 9000명이 줄었다. 새롭게 창업을 한 곳도 있을 테니 장사가 안 되어 사업을 접은 자영업자수는 훨씬 더 많을 것이다. 위 통계자료에 따르면 2009년 폐업한 자영업자수는 무려 82만 명에 달했다. 매일 문을 닫는 자영업자가 2000명이 넘었던 것이다.

1998년은 단군 이래 최악의 경제위기라고 불렸던 외환위기가 맹위

그림 1-1 _ **자영업자수 증감** (단위 : 천 명)

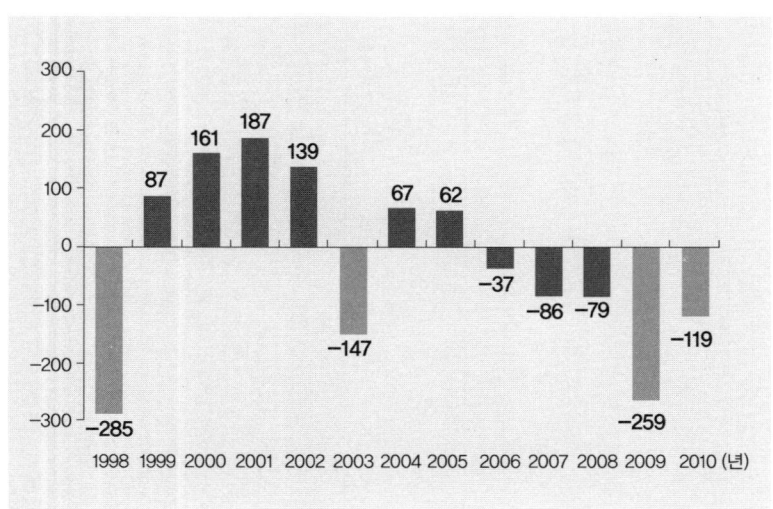

출처 : 통계청 '고용동향'

를 떨치던 해였다. 그해 자영업자수는 28만 5000명이나 감소했다. 그러나 이듬해에는 8만 7000명이 증가하여 자영업 경기는 회복세로 돌아섰다. 카드 대란으로 내수 침체가 극심했던 2003년에는 자영업자수가 14만 7000명 줄어들었다. 이후 자영업 경기는 곧 회복되었고, 다음해 자영업자수는 6만 7000명이 늘었다.

그런데 2009년과 2010년 두 해 동안 무려 37만 8000명이나 줄어들었으니, 자영업자들은 외환위기 때보다 더 극심한 경기 침체를 겪은 것이다. 2003년 카드 대란 때보다는 2배가 넘는 고통을 겪었다.

자영업자의 이야기를 직접 들어보자. 인터넷을 검색하면 자영업자들의 눈물겨운 하소연을 하루에도 수십 개씩 접할 수 있다. 대표적인 인터넷 이야기방인 〈다음〉 '아고라'에 올라온 한 자영업자의 이야기를 그대로 옮겨본다.

> 추석을 며칠 앞두고 있는 오늘 장난 아니네요.
> 텅 빈 홀, 조용한 거리·
> 추석물가 부담에 지갑을 쉽게 열 수가 없는 소비자님들 입장이 곧 자영업 매출과 직결되는 상황에 요즘 뭘 하나 집어도 무서운 물가인 것만은 사실입니다. 가게를 나서면 저도 소비자 입장이 되니 바로 체감되지요. 식자재, 부자재, 원자재 가격 상승에 힘들다는 뉴스가 거짓이 아님은 자영업 하는 저도 실감합니다.
> 저희 가게만 대목 타나 싶기도 하고… 작년 대비 매출이 현저히 떨어지는 걸 데이터로도 확인되네요. 이 시간엔 손님맞이 한다고 나름 바빠 아고라에 들어올 시간도 없어야 하는데, 글을 쓸 만큼 여유롭다는…
> 아고라 네티즌님들은 대목 얼마나 타시는지요? 많이 힘드시죠? 바쁘신 분들은 이 글을 못 보실 테니 다행이지요. 저의 글을 못 읽으실 만큼 바쁘셔야 정상일 텐데… 못 읽으시는 분이 더 많길 바래봅니다.
> 얼마 남지 않은 추석, 풍요로운 한가위를 위해 오늘도 땀 흘리시는 대한민국 자영업자님들, 근로자님들 힘내시고 파이팅 하세요!
>
> 출처 : 〈다음〉의 아고라, 2011년 9월 7일

바빠야 할 시간에 손님이 없어 아고라에 들어와 글을 올리는 답답한 심정을 담담하게 전하고 있다. 동병상련의 자영업자가 많아서일까? 지극히 평범해 보이는 이 글의 조회수가 무려 2만 1000회를 넘었다.

자영업자를 대상으로 한 여론조사 결과는 어떨까? 2010년 10월 10일 중소기업중앙회가 발표한 '소상공인의 체감 경기 및 경영 애로 실태 조사'를 보면 '어렵다'는 응답이 82.8%로 '좋다'(2.3%)는 응답의 무려 36배에 달했다. 그리고 경영 상태와 관련해서 '적자 상태'라는 응답이 38.3%인 반면, '흑자 상태'라는 응답은 겨우 4.7%에 불과했다.

2008년 말 가족근로자를 포함한 자영업자수는 700만 명으로 경제활동인구 2500만 명의 28%에 달했다. 우리 국민 10명 중 3명이 자영업으로 생계를 유지하고 있는 것이다. 어느 분야보다 더 중요한 자영업이 왜 무너지고 있을까? 그 대답을 찾는 것은 어렵지 않다.

자영업의 대명사라 할 수 있는 음식점이나 동네 가게를 보자. 그곳을 주로 이용하는 고객들은 서민들이다. 서민들의 살림살이가 나아질 때 음식점이나 가게의 매상이 오른다. 말하자면 서민과 자영업자는 같은 배를 탄 선원과 승객들마냥 불경기라는 폭풍우를 똑같이 견디고 있는 것이다. 그래서 자영업의 업황이 서민 경제의 바로미터라는 이야기가 나오는 것이다.

서민 경제가 어떤지는 구태여 통계 수치를 들먹일 필요도 없다. 3년 전부터 만나는 사람들마다 "불경기니까 어려워도 견뎌야죠"라는 말을 입에 달고 산다. 시간이 지날수록 이런 탄식과 체념의 목소리가 커지고 있다. 정부 발표와 언론의 뉴스는 서민들에게는 다른 나라 이야기일 뿐이다. 그들은 봄날이 왔다고 떠들어대지만 서민들이 느끼는 체감 경기는 영하 몇 십 도의 한겨울이니까.

2011년 3월 23일 〈매일경제신문〉이 한길리서치에 의뢰해 여론조사

그림 1-2 _ "MB정부 3년간 가계경제가 어떻게 되었나요?" (단위 : %)

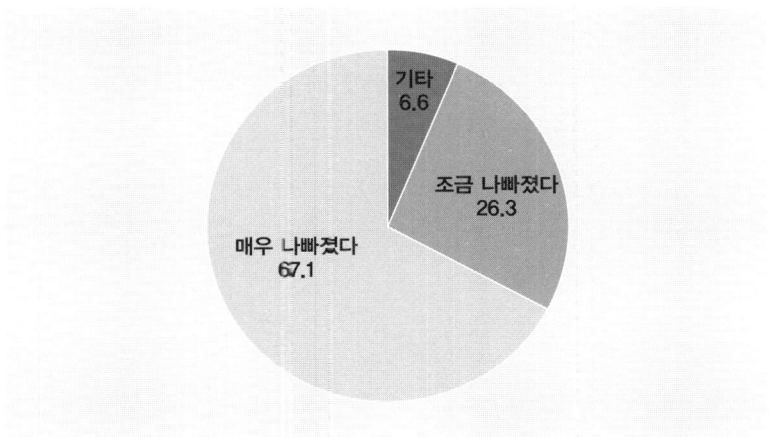

출처 : 〈매일경제〉, 2011년 3월 23일

하여 발표한 결과를 보면 이런 서민의 현실이 적나라하게 드러난다. "3년 전과 비교하여 가계경제가 어떤가?"라는 질문에 67.1%의 응답자가 "매우 나빠졌다"라고 대답했다. 또 응답자의 26.3%는 "조금 나빠졌다"라고 응답했다. MB정부가 집권하고 나서 3년 동안 우리 국민들 중 93.4%는 살림살이가 더 어려워졌다고 체감하고 있는 것이다.

살림살이가 어려워졌으니 씀씀이를 줄이는 것은 당연했다. 한 달에 한 번 하던 외식을 두 달에 한 번으로 줄이고, 동네 슈퍼에 가서 반찬거리나 간식거리를 살 때도 집었다 놓았다 하기를 수도 없이 반복할 수밖에 없었다. 어디 이뿐이겠는가. 아이들 학원도 두 곳에서 한 곳으로 줄여야 할 형편이었다. 서민들의 살림살이가 어려워지고 그 여파로 자영업이 극심한 불경기에 빠져든 것이 지난 3년간 벌어진 일들이었다.

지금 이 땅의 모든 자영업자들은 이런 의문을 가슴에 품고 있을 것이다. '정부의 높은 사람들은 경제가 좋아지고 있다고 줄기차게 떠들어대는데 왜 서민만 살림이 쪼그라들고 자영업 경기만 끝없이 추락하는가?' 혹은 이런 의심이 드는 사람도 있을 것이다. '정부의 발표대로 경제가 정말 좋아지고 있기는 한 것인가?'

02

삼성전자,
사상 **최대 실적**의 내막

삼성전자가 2009년 사상 최대 실적을 달성했다. 2008년 하반기 전 세계를 강타했던 글로벌 금융위기의 여파로 세계적인 IT 기업들이 줄줄이 적자를 내고 있는데 삼성전자는 사상 최대의 실적이라니! 대다수 사람들의 눈에는 '기적'으로 비쳤을 것이다.

기적은 여기서 멈추지 않는다. 2010년에는 순이익이 2배로 증가했으니, 사람들은 벌린 입이 다물어지지 않았다. 신문과 방송은 역시 삼성전자라며 극찬하느라 일에 침이 마르지 않았다. 그러나 그 경이로운 실적이 어떻게 만들어졌는지에 대해서는 누구도 시원스레 말해주지 않았다.

모두 알고 있듯이 삼성전자는 수출 기업이다. 2009년 매출액의 83%가 수출이었다. 그러므로 국내 경기보다는 세계경제 동향이 삼성전자 실적에 더 큰 영향을 미친다. 2009년 세계경제가 어떠했는지는

그림 1-3 _ 반도체, 휴대폰 및 디스플레이의 2009년 세계수요 증가율

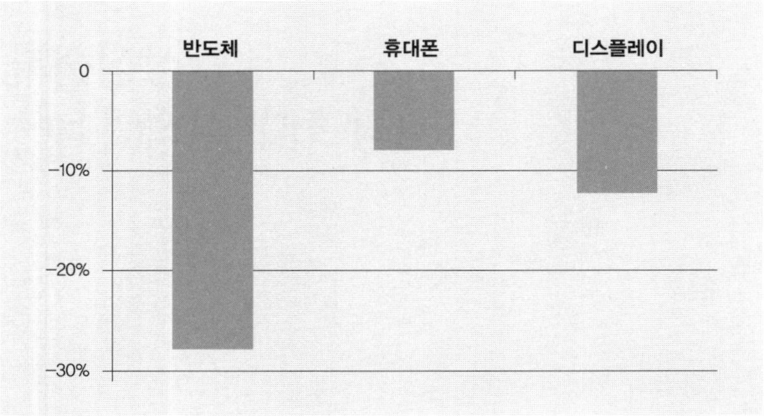

출처 : 한국은행, 디스플레이서치(DisplaySearch)

다들 똑똑히 기억할 것이다.

세계 최대 기업들이 줄줄이 파산하고, 실업률이 치솟고, 세계 곳곳에서 살던 집이 경매로 넘어가 거리로 내쫓기는 가정이 줄을 잇고……. 한마디로 1930년대 세계 대공황 이후 최대의 경제위기였다. 당연히 개인들은 소비를 줄이고 기업은 투자를 축소하는 것이 2009년의 세계경제 상황이었다.

삼성전자의 주력 제품들의 수출 시장은 어떠했나? 매출의 가장 큰 비중을 차지하는 반도체의 세계 수요는 25% 이상 감소했다. 또 다른 주력 제품인 휴대폰의 세계 수요는 약 8% 감소했고, 디스플레이의 세계 수요는 12% 감소했다.

어느 기업이든 주력 제품의 시장이 10% 이상 축소되면 손실을 내는 것이 자연스런 현상이다. 그런데 삼성전자는 손실은커녕 호황기

그림 1-4 _ **세계경제 성장률과 삼성전자 순이익**

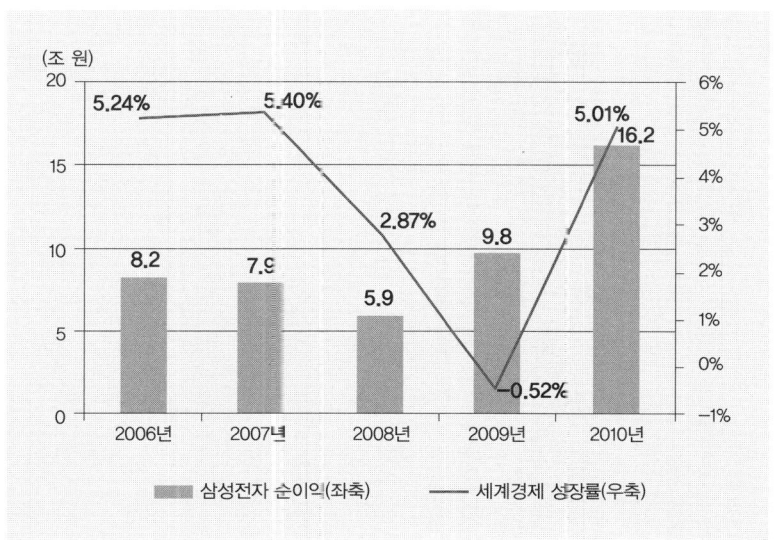

출처 : 증권거래소, IMF

때보다 오히려 이익이 급증했다. 삼성전자뿐만 아니라 다른 수출 대기업들의 순이익 역시 상상을 초월할 정도로 급증했다.

2010년 삼성전자의 순이익은 무려 16조 2000억 원에 달했다. 전 세계가 장기 호황의 막바지에 있던 2006년과 2007년 순이익 8조 2000억 원과 7조 9000억 원을 합한 것보다 더 컸다.

2010년 세계경제는 금융위기에서 벗어나고 있긴 했지만 여전히 침체 수준에 머물렀고, 위기 이전인 2007년의 경제 수준을 회복하지 못했다. 그런데 삼성전자는 호황기의 2배가 넘는 순이익을 냈으니 또 한 번의 기적이라는 표현이 과하지 않다.

경제 상식으로는 도저히 설명이 되지 않는 이런 기적 같은 일이 어떻게 가능했을까? 이 불가사의한 경제 현상에 명쾌한 대답을 들려준 이가 있으니 그가 바로 강만수 전 기획재정부 장관이다. 2009년 10월 13일 전국경제인연합회의 초청 강연에서 그는 다음과 같은 말로 모든 이들의 궁금증을 일거에 해소시켜줬다.

"삼성전자와 현대차가 3분기 사상 최대의 이익을 냈다고 하지만 환율 효과와 재정 지출 효과를 빼면 사상 최대의 적자가 됐을 것이다."

MB정부가 출범하기 전부터 '고환율정책'을 공격적으로 실행한 그였으니, 그 정책의 최대 수혜자인 재벌들 앞에서 생색을 내고 싶었을 것이다. 그러나 발언 내용만은 한 치의 과장 없이 사실을 전달하고 있다. 전 세계가 몇십 년 만에 최악의 경제위기였으니 수출 대기업들이 사상 최대의 적자를 내는 것이 당연한데, MB정부의 무리한 '고환율정책' 덕분에 사상 최대의 이익을 구가할 수 있었다는 사실 말이다.

"환율 효과를 빼면 사상 최대 적자 났을 것"

그랬다. 삼성전자가 만들어낸 기적의 비밀은 알고 보니 환율 폭등이었다. 환율이 폭등하자 삼성전자를 비롯한 수출 대기업들이 수출 금액은 감소하는데도 이익은 천정부지로 치솟는 횡재를 한 것이다. 2010년의 기적을 이끈 주인공 역시 환율이었다. 환율은 여전히 고공 행진을 하고 있는데 세계경제가 회복되었으니 삼성전자로서는 두 개의 행운을 양손에 거머쥐게 된 것이다.

환율이 도대체 무엇이기에 '세계 대공황'에 버금가는 경제위기에서도 사상 최대 이익을 가능하게 했을까? 누구나 떠올리는 의문일 것이다.

환율이란 일종의 가격이다. 달러를 사고파는 가격이 바로 환율이다. 비유하자면 이렇다.

핸드폰 가격이 30만 원에서 40만 원으로 10만 원이 올랐다고 가정해보자. 그러면 판매회사는 핸드폰 한 대당 10만 원의 이익을 더 올릴 수 있다. 핸드폰 가격이 30만 원일 때 판매회사의 이익이 판매가격의 10%인 3만 원이었다면 판매가격이 40만 원으로 오르면 그 판매회사의 이익은 13만 원으로 치솟는다. 핸드폰 가격은 30만 원에서 40만 원으로 33% 올랐지만 판매회사의 이익은 3만 원에서 13만 원으로 333%나 폭등하는 것이다.

환율도 핸드폰 가격과 동일하다. MB정부가 출범하던 날 1달러의 가격은 947원이었는데, 2009년 평균 환율은 1276원이었다. 1년여 만에 달러 가격이 35%나 폭등했다. 그 결과 수출 기업들은 핸드폰 가격이 1년 만에 35%나 폭등했을 경우와 똑같은 엄청난 이익 증대 효과를 누린 것이다.

아직도 고개를 갸웃하며 납득하지 못하겠다는 사람들이 있을 것이다. 간단한 계산을 통해 "환율 효과가 아니었다면 삼성전자가 사상 최대의 적자를 냈을 것"이라는 말이 사실인지 확인해보자. 환율 폭등이 삼성전자의 이익에 얼마나 기여했는지를 계산해보는 것이다. 필요한 정보와 데이터는 한국거래소(www.krx.co.kr)의 상장공시시스템(KIND)에 있는 삼성전자의 '사업보고서'에서 구할 수 있다.

2009년 삼성전자의 매출액은 약 90조 원이었다. 그중 수출은 전체 매출액의 83%인 75조 원에 달한다. 2009년 평균 환율인 1276원을 적용하면 수출액은 약 586억 달러다.

물건을 생산하려면 원자재와 기계설비 등을 수입해야 한다. 정확한 수입액은 나와 있지 않으므로 한국은행의 자료를 통해 추정해보겠다. 당시 우리나라 전체의 수출액 대비 수출용 원자재와 설비 등의 수입액 비율은 36%이다. 삼성전자는 이보다 높은 것으로 가정하여 45%를 적용하기로 한다. 그러면 원자재와 기계설비 등의 수입액은 264억 달러다.

따라서 삼성전자가 2009년에 수출로 586억 달러를 벌었고 그중 264억 달러는 수출을 위한 원자재와 설비 등을 수입하는 데 지출했다는 이야기다. 그러므로 남은 달러 금액은 322억 달러다. 이 322억 달러를 어떻게 했을까? 특별한 이유가 없다면 외환시장에서 팔아 원화를 받았을 것이다. 그 금액이 얼마인지 계산해보자.

MB정부 출범 당시의 환율인 947원이 그대로 유지되었다면 달러를 팔아서 받은 금액은 약 30조 원이었을 것이다. 그런데 MB정부 들어 환율이 1년여 만에 35%나 폭등한 1276원이 되었으니 그 금액이 41조 원으로 급증했다.

삼성전자로서는 똑같은 금액어치의 물건을 수출하고도 환율 폭등으로 약 11조 원의 이익을 더 챙길 수 있었으니 그야말로 하늘에서 돈벼락을 맞은 셈이었다. 물론 위 계산은 아주 단순한 계산법이므로 오차가 있을 수 있다. 그러나 앞서 언급한 강만수 전 장관의 발언을 상기하면 그 오차는 그리 크지 않을 것 같다.

'최악의 경기 불황 속에서 사상 최대의 실적'이라는 삼성전자가 만든 기적의 실체가 무엇인지 밝혀졌다. 그 실체를 알고 나면 이런 의문이 떠오를 것이다. '삼성전자와 다른 수출 대기업들이 환율 폭등으로 얻은 그 엄청난 이익은 어디서 온 것일까?' 좀 더 구체적으로는 이런 질문이 된다. '그들이 누리는 천문학적인 금액의 이익이 나와는 아무 관련이 없는 것일까?'

03
환율 폭등의 손익계산서

삼성전자가 환율 폭등으로 얻은 천문학적인 금액의 이익이 어디서 왔는지에 대해 이렇게 생각하는 사람도 있을 것이다. '환율 폭등에 의한 이익은 달러 가격이 올랐기 때문에 생긴 것이다. 그 달러는 해외에 수출해서 번 돈이다. 그러므로 환차익은 해외에서 생긴 것이다.'

언뜻 듣기에는 그럴싸하지만 완전히 틀린 생각이다. 수출로 벌어들인 달러가 해외에서 생긴 것이라는 말은 맞다. 그러나 그 달러를 947원의 가격으로 팔지 아니면 1276원의 가격으로 팔지는 국내에서 결정된다. 그러므로 삼성전자가 환율 폭등으로 떼돈을 벌었다면, 그 달러를 더 비싸게 살 수밖에 없었던 국내의 누군가는 똑같은 금액의 손실을 보았을 것이다.

더 구체적으로 설명하면 이렇다.

핸드폰이나 콩나물처럼 달러도 사고파는 시장이 있다. 그 시장을 외환시장이라고 한다. 그런데 런던, 뉴욕, 동경, 홍콩 등 주요 국제금융시장 어디를 보아도 달러를 원화로 사고파는 외환시장은 없다. 왜 일까? 원화를 주고 달러를 사는 사람들은 바로 우리나라 사람들이기 때문이다. 그래서 달러와 원화의 외환시장은 서울에 있다.

 삼성전자는 수출로 받은 달러를 서울에 있는 외환시장에서 팔고, 또 누군가는 삼성전자가 파는 달러를 산다. 그 누군가가 바로 환율 폭등으로 손해를 본 불운의 주인공이다.

 달러를 사는 곳은 수입업체들이다. 가령 원유를 수입하는 원유 수입업체는 2009년에 약 500억 달러어치의 원유를 수입했다. 수입대금을 마련하기 위해서는 외환시장에서 달러를 사야 한다. MB정부 출범일 1달러당 947원이었던 달러 가격이 329원이나 더 비싸졌으므로 500억 달러를 사기 위해서 16조 4500억 원을 더 지불해야 했다. 이 금액은 원유 수입업체들이 환율 폭등으로 2009년 한 해 동안 입은 손실 금액이다.

 그러면 16조 원이 넘는 손실이 수입업체들의 부담으로 귀결되었을까? 그래서 원유 수입업체들이 엄청난 손실로 인해 문을 닫는 지경에까지 이르렀을까? 천만의 말씀이다. 그들은 환율 폭등으로 입은 손실을 즉시 석유가격 인상에 반영하였다. 그러므로 환율 폭등의 피해자는 수입업체가 아니라 우리 국민 모두가 된다.

> 환율이 947원일 때 1기가 반도체의 국제시장 가격이 2달러라고 가정해 보자. 환율이 1276원으로 폭등하면 반도체 가격은 어떻게 될까? 반도체 가격은 국제시장에서 반도체의 수요와 공급에 의해 결정된다. 원화 환율

의 상승이 반도체 시장의 수요와 공급에 영향을 미치지 않으므로 반도체 가격은 2달러로 변함이 없다. 다시 말해 삼성전자는 환율이 947원일 때나 1276원일 때나 반도체를 국제시장 가격인 2달러에 수출한다.

환율 상승이 영향을 미치는 시점은 수출대금을 국내 외환시장에서 원화를 받고 팔 때다. 환율이 329원 상승했으므로 똑같은 1기가 반도체를 수출하고 삼성전자는 환율 상승 전보다 1달러당 329원의 추가 이익이 발생한다.

이번에는 원유를 수입하는 경우를 보자. 환율이 947원이었을 때 1배럴당 100달러였다면, 환율이 1276원으로 급등한 다음에도 원유의 국제시장 가격은 여전히 100달러다. 원유 가격은 국제시장에서 원유의 수요와 공급에 의해 결정되고, 원화 환율 상승은 원유의 수요와 공급에 영향을 미치지 않기 때문이다.

그러므로 환율 상승분만큼 가계는 원유 소비를 위해 비용을 더 부담해야 한다. 결국 환율이 947원에서 1276원으로 폭등하면 수출 기업은 1달러당 329원의 이익을 더 챙기는데, 그 이익이 고스란히 가계의 부담으로 귀결된다.

환율 급등으로 이익이 엄청나게 급증한 삼성전자가 수출 물량을 늘리기 위해 반도체 가격을 인하했을까? 그 결정은 어느 경우에 이익이 더 커지는지에 의해 좌우될 것이다. 가령 국제가격이 2달러인 반도체를 1.8달러로 가격 인하를 하면 수출 물량이 증가할 것이다. 만약 1.8달러로 가격을 인하했을 때 이익이 증가한다면 가격을 인하할 것이고, 이익이 감소한다면 인하하지 않을 것이다(삼성전자 등 수출 기업이 환율 급등으로 이익이 급증하자 수출을 늘리기 위해 수출품의 가격을 인하했는지는 3장에서 알아보겠다).

그림 1-5 _ **환율 변동이 수출 기업과 가계경제에 미치는 영향**

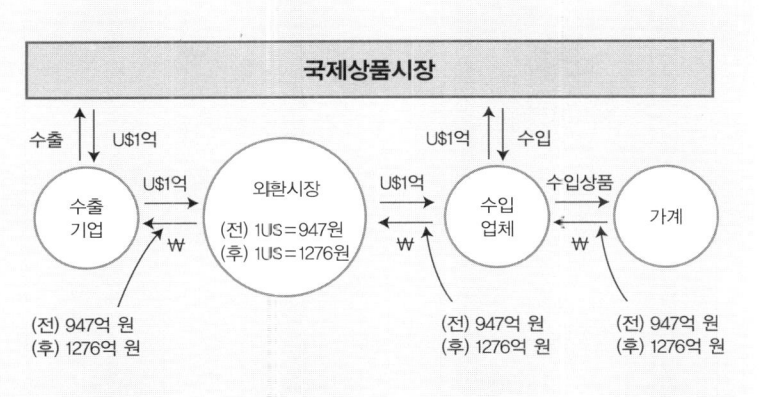

여기서 잠시 독자들과 크게 다르지 않을 우리 집 가계부에 대해 이야기하겠다. 우리 집 가계부를 보면 자동차 휘발유 구입비로 매달 약 30만 원을 지출한다. 2009년 한 해 동안 휘발유 구입비로만 360만 원을 지출한 것이다. 그런데 2009년 환율이 1276원이 아니라 947원이었다면 어땠을까? 매달 똑같은 거리를 주행하는 데 드는 휘발유 구입비가 30만 원이 아니라 22만 원이었을 것이다. 환율 폭등으로 휘발유 구입비로 한 달에 8만 원이라는 돈이 더 나갔고, 연간으로는 96만 원의 가계 손실이 발생했다.

우리 가계부의 지출항목에는 휘발유 구입비 말고도 식품비, 의류비, 교육비도 있고, 외식비도 있다. 이들 항목들 중 상당수는 직접 수입하는 것이고 나머지도 직간접적으로 수입의 영향을 받는다. 그러므로 우리 가계부의 지출항목 대부분이 환율 폭등으로 비용이 증가했다.

가령 일주일에 한 번 가는 목욕비용이나 한 달에 몇 번 하는 외식

비용도 환율 폭등의 영향권 안에 있다는 이야기다. 아내는 장보러 갔다만 오면 물가가 너무 올라 장보기가 겁난다고 말한다. 물가 상승의 주범은 환율 폭등이다. 환율이 폭등하여 우리 가족의 생활비가 엄청 늘었고, 동전의 양면처럼 우리 가계의 실질소득은 크게 감소했다.

결국 우리 가족들이 먹고살기 위해서 혹은 경제활동과 여가생활을 위해 더 부담해야 했던 돈들이 삼성전자의 이익 증가에 기여한 것이다. 삼성전자의 사상 최대 이익이라는 기적도 결국 나와 내 이웃들의 희생 위에 쌓은 '우골탑'의 또 다른 모습일 뿐이다.

이제 두 가지 사실이 분명해졌다. 삼성전자 등 수출 기업이 환율 폭등으로 더 챙긴 이익이 해외에서 발생한 것이 아니라는 사실과 그 이익이 전부 국민들의 손실로 귀결되었다는 사실이다. 그러고 나니 새로운 의문이 떠오른다. 지난 3년간 MB정부의 공격적인 고환율정책으로 우리 가족이 수출 대기업의 이익에 공헌한 금액은 과연 얼마나 될까?

04

174조 원의
거꾸로 된 **소득재분배**

환율 폭등으로 재미를 본 기업이 삼성전자만은 아니다. 그리고 우리 가족만 환율 폭등으로 희생을 감내해야 했던 것은 아니다. 우리 국민 전체가 큰 손실을 입었다.

그렇다면 환율 폭등으로 수출 기업들이 누린 이익 총액은 얼마이고 국민들이 감당하야만 했던 손실 총액은 얼마나 될까?

그 계산은 의외로 간단하다. 간단한 산수만 할 수 있으면 누구나 답을 얻을 수 있다. 그리고 계산에 필요한 정보는 한국은행(www.bok.or.kr)의 '통계시스템'을 이용하면 쉽게 구할 수 있다.

한국은행의 '통계시스템'을 통해 우리나라의 수출과 수입이 얼마였는지 알아보자. 2009년 수출총액은 3635억 달러였다. 그리고 수출용 원자재와 기계 설비를 수입한 금액은 1305억 달러였다. 수출 기업이 수출한 금액에서 수출용 수입액을 빼면 2330억 달러. 이를 '순수출'

이라고도 한다.

MB정부 출범 당시의 환율과 2009년 평균 환율은 각각 947원과 1276원이었으므로 그 기간 동안 329원이 상승했다.

순수출 금액에 환율 상승을 곱하면 수출 기업들이 환율 상승으로 얻은 추가이익의 총액을 알 수 있다. 계산기를 두들기면 77조 원이라는 어마어마한 금액이 나온다. 이 금액이 우리나라 수출 기업들이 환율 폭등으로 2009년 한 해 동안 추가로 얻은 이익금액이다.

이제 국민 전체가 환율 폭등으로 입은 손실을 계산할 차례다. 수출 기업의 이익을 뒤집어보면 바로 국민 전체의 손실로 귀결되는 것이 논리적으로 타당하지만 별도의 계산을 통해서 다시 한 번 확인해보도록 하겠다.

2009년 수입총액은 3231억 달러였다. 이 가운데 1305억 달러는 수출 기업이 구입한 원자재와 기계설비 등에 들어간 비용이므로 이를 제외하면 국내 소비를 위한 수입은 1926억 달러였다. 여기에 329원을 곱하면 63조 3654억 원이다. 이 금액이 2009년 한 해 동안 우리 국민이 환율 폭등으로 입은 직접 손실액이다.

여기서 재미있는 사실을 알 수 있다. 환율 폭등으로 수출 기업들은 77조 원의 이익을 보았고, 국민들은 63조 원의 손실을 보았다. 그러면 국가 전체로는 14조 원의 이익이 발생한 것일까?

물론 그렇지 않다. 경제에 공짜 점심은 없다는 말도 있지 않은가. 그러면 그 14조 원은 누구의 손실로 귀결되었을까?

외환시장으로 눈을 돌려보면 그곳에서 답을 발견할 수 있다. 수출 기업은 수출로 번 달러를 외환시장에서 팔고, 수입 업체들은 수입에 필요한 달러를 외환시장에서 산다. 환율이 폭등하면 파는 쪽은 큰 이익을 보고 사는 쪽은 큰 손실을 입는다.

수출 기업과 수입 업체 외에 외환시장에서 가장 활발하게 거래하는 곳은 정부다. 2009년 한 해 동안 MB정부는 외환시장에서 공격적으로 달러를 사들였다. 2009년 정부가 외환시장에서 매수한 달러의 총금액이 얼마인지는 공개하지 않고 있다. 그러나 조금만 수고를 하면 그 금액을 계산하기는 어렵지 않다. 정부가 보유한 외화금액, 즉 외환보유고를 보면 그 금액을 알 수 있기 때문이다.

2008년 말 외환보유고는 2012억 달러였는데 2009년 말에는 2700억 달러로 늘었다. 2009년 한 해 동안 688억 달러나 외환보유고가 증가한 것은 그만큼을 외환시장에서 사들였기 때문이다. 정부의 외환시장 개입에 대해서는 뒤에서 더 자세하게 따지기로 하고, 여기서는 환율 폭등으로 큰 손실을 입은 또 다른 곳이 바로 우리 정부라는 사실만 밝히기로 한다.

MB정부 들어 환율 폭등으로 수출 기업들이 누린 이익이 2009년 한 해에만 77조 원이었고, 그와 똑같은 금액을 우리 국민과 정부가 손실로 부담했다. 정부의 손실이란 결국 세금의 형태로 국민들에게 돌아올 수밖에 없다.

정부가 입은 손실을 제외하고 국민들이 입은 직접 손실액만 해도 2009년에 63조 원이었다. 똑같은 방법으로 2008년 하반기 동안 국민 모두가 입은 손실액을 계산하면 34조 원이다. 2008년 하반기 내수용 수입액은 1270억 달러이고, 평균 환율은 1214원이었다. 2010년 내수용 수입액은 2550억 달러였고, 평균 환율은 1156원이었다. 2010년에

표 1-1 _ 환율 상승으로 인한 국민들의 소득감소액

연도	내수용 수입액	환율		가계부담액	가계손실액
2008년 하반기	U$1270억	947원	→	120조 원	34조 원
		1214.03원	→	154조 원	
2009년	U$1926억	947원	→	183조 원	63조 원
		1276원	→	246조 원	
2010년	U$2550억	947원	→	241조 원	54조 원
		1156원	→	295조 원	
2011년 상반기	U$1539억	947원	→	146조 원	23조 원
		1101.23원	→	169조 원	

출처 : 한국은행

도 54조 원의 손실을 입었다. 2011년 상반기 내수용 수입액은 1539억 달러였고, 평균 환율은 1101원이었으니, 2011년 상반기에 국민들의 소득은 23조 원 감소했다.

2008년 하반기부터 3년간 국민 전체가 환율 폭등으로 174조 원의 손실을 입은 것이다. 4인 가족 기준으로 계산하면 한 가족당 1450만 원이라는 어마어마한 금액을 단지 환율이 폭등한 것 때문에 손해를 보았다. 정부가 입은 손실을 더하면 국민들의 손실부담액은 더 늘어난다.

다시 한 번 밝히지만 위 계산은 아주 단순한 계산법에 의한 것이다. 그러므로 수출 기업의 이익금액과 국민의 손실금액에는 오차가 있을 수 있다. 오차를 발생시키는 요인들 가운데 중요한 것 두 가지를 살펴보면 다음과 같다.

첫째, 외화부채를 보유한 기업들은 환율 폭등으로 환차손을 보았을 것이다. 일반적으로 수출 기업들의 경우 외화자산과 외화부채를 둘 다 보유하는 경우가 많은데, 외화부채가 외화자산을 크게 초과한 기업들은 환차손이 발생하여, 환율 폭등에 따른 이익증가액의 일부를 상쇄시켰을 것이다.

둘째, 내수 기업들도 원자재와 기계설비를 수입하므로 그 기업들은 환율 폭등으로 생산비용이 급증했을 것이다. 그런 경우 기업들은 대개 비용 상승분만큼 제품 판매가격을 인상한다. 그런데 어떤 이유로 제품가격을 충분히 인상하지 못한 기업들은 환율 폭등으로 손실을 입었을 것이고, 그 금액만큼 국민들이 부담한 손실액이 감소했을 것이다.

그림 1-6 _ 2006~2010년 내수 기업의 순이익 동향

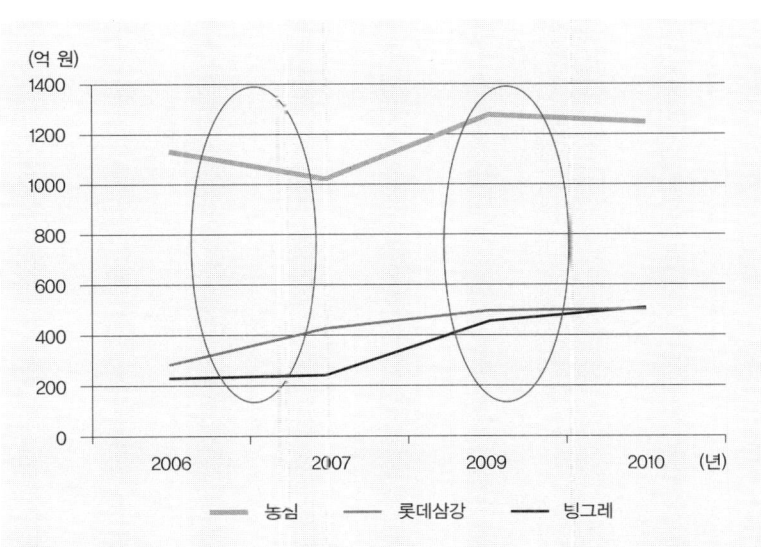

출처 : 한국거래소

실상을 파악하기 위해 음식료 업종의 대표기업인 농심, 롯데삼강, 빙그레의 경우를 살펴보자. 이들은 수출 비중이 4% 미만으로 전형적인 내수 기업들이다. 이 세 기업의 2009년과 2010년의 연평균 순이익은 2006년과 2007년 평균보다 각각 16%, 99%, 39% 증가했다. 2009년과 2010년 내수가 전반적으로 침체됐던 사실을 감안하면 이들 내수 기업의 순이익 증가는 놀라운 것이었다. 이를 감안해보면 내수 기업들 중 대기업들은 환율 폭등으로 인한 원자재 가격 상승분을 대부분 판매가격에 반영했던 것이라 판단할 수 있다.

결국 MB정부 출범 이후 3년 동안 환율 폭등으로 우리 국민들은 174조 원의 손실을 입었다. 그리고 그 174조 원은 수출 기업의 이익 증가에 기여했다. 이런 비정상적인 상황은 환율이 제자리를 찾을 때까지 계속될 것이다.

경제학에 '소득재분배'라는 용어가 있다. 이는 돈 많은 사람으로부터 세금을 거두어 돈이 없어 고통받는 사람들을 도와주는 국가의 정책을 말한다. 그런데 MB정부는 이와 정반대의 정책을 폈다. 가난한 서민의 주머니를 털어 은행에 수십조 원의 예금을 쌓아두고 있는 수출 대기업들의 금고에 넣어준 것이다. 이런 터무니없는 '거꾸로 된 소득재분배정책'을 MB정부는 '고환율정책'이란 이름으로 밀어붙인 것이다.

05

스톡옵션 '대박'과
엥겔계수 '최고'의 상관관계

> 삼성전자 주가가 급등하자 고위 임원들이 주식매수선택권(스톡옵션)으로 받은 주식을 처분해 시세차익을 챙겼다. (중략) 최광해 삼성전자 부사장은 스톡옵션 주식 2만 8434주를 지난 달 24일 팔아 142억 7000만 원의 차익을 거뒀다. 이상완 삼성전자 사장도 스톡옵션 주식 2만 주를 지난 7월 21일 주당 67만 1215원에 처분해 94억 8000만 원의 차익을 거뒀고, 이창렬 일본삼성 사장은 92억 2000만 원의 차익을 올렸다. 이 밖에도 임형규 사장 84억 8000만 원, 정현량 부사장 36억 8000만 원, 윤주화 사장 28억 9000만 원, 권오현 사장 28억 1000만 원, 장원기 사장 26억 4000만 원, 전동수 부사장 17억 5000만 원, 윤부근 사장 12억 7000만 원, 김운섭 부사장 6억 8000만 원 등의 차익을 거뒀다.
>
> 출처 : 〈한겨레신문〉, 2009년 9월 8일

삼성전자 사장과 부사장 11명이 2009년 5월 초부터 9월 4일까지 4개월간 스톡옵션을 행사하여 받은 주식을 팔아 571억 원의 이익을 거뒀다고 한다. 최악의 경기 침체 속에서도 저런 엄청난 '대박'을 터뜨리는 사람들이 있다니 솔직히 부럽기도 하고 자세한 내막이 궁금하기도 하다. 게다가 스톡옵션 대박이란 매달 꼬박꼬박 받는 월급이나 매년 말 추가로 받는 성과급과는 별도로 받는 돈이니까 더욱 그러하다.

삼성전자 고위 임원들의 '대박' 기사가 난 바로 다음날 〈경향신문〉에 '상반기 엥겔계수 8년 만에 최고'라는 기사가 실렸다. 갈수록 서민들의 살림살이가 팍팍해지고 있는 현실을 대변하는 것이어서 더 절절히 다가온다.

올해 상반기 식료품 가격이 급등하면서 엥겔계수가 8년 만에 가장 높은 수준을 나타냈다. (중략) 식·음료품의 소비지출이 급증한 것은 가격이 급등했기 때문이다. 한은 관계자는 "올해 상반기 식·음료품의 소비자물가 상승률은 평균 10.7%로 전체 소비자물가 상승률(3.3%)보다 3배 이상 높았다"고 설명했다. 실제 가격요소를 제거한 실질 식·음료품비 지출은 올해 상반기 0.9% 감소했다. 가계가 식·음료품비의 소비를 0.9% 줄였는데도 불구하고 가격급등으로 인해 지출액은 9.1% 늘어난 것이다.

출처 : 〈경향신문〉, 2009년 9월 9일

엥겔계수란 가계소비에서 식·음료품비가 차지하는 비중을 나타낸다. 달리 말하면 먹고사는 데 드는 비용이 총가계지출에서 어느 정도 차지하는지를 보여주는 수치다. 사람들은 생활수준이 높아지면 먹고사는 것 말고 문화나 교육 등 다른 분야에 대한 지출을 더 늘린다. 반대로 소득이 줄면 다른 지출은 줄이더라도 먹고사는 비용은 크게 줄이지 않는다. 그러므로 엥겔계수가 높아진다는 말은 가계의 소득이 줄고 생활형편이 나빠지고 있다는 이야기다.

이 두 기사를 읽은 사람들에게 가장 먼저 떠오르는 단어는 '양극화'일 것이다. 한쪽에서는 불경기에도 수백 억의 대박을 터뜨리고, 다른 쪽에서는 먹고살기에 급급한 모습이 적나라하게 드러나 있기 때문이다.

그런데 양극화보다 더 중요한 사실이 두 기사에 담겨 있다. '스톡옵션 대박'과 '엥겔계수 최고'가 근원을 따져보면 같은 뿌리에서 생겨났다는 점이다. 같은 뿌리를 갖고 있는데도 영양분이 한쪽으로만 쏠리자 극명하게 상반된 모습으로 나타나게 된 것이다. 그 뿌리가 무엇인지 알아보자.

먼저 삼성전자 임원들의 스톡옵션 대박부터 살펴보자.

스톡옵션을 주고 말고는 그 회사의 주주와 이사회가 결정할 일이므로 제3자가 왈가왈부할 사항이 아니다. 그러나 스톡옵션이 대박을 터뜨리기 위해서는 삼성전자 주가가 올라야 한다. 주가가 오르면 오를수록 스톡옵션을 받은 삼성전자 임원들은 더 큰 대박을 터뜨릴 수 있다.

주가를 결정하는 가장 중요한 요소는 기업 이익이다. 환율 폭등으로 삼성전자가 사상 최대 이익을 내자 삼성전자 주가가 사상 최고치를 경신한 것이 이를 웅변한다. 삼성전자 임원들에게는 스톡옵션을 행사하여 받은 주식을 팔 절호의 기회가 주어진 것이었다. 스톡옵션을 받은 사람들에게 그런 횡재는 평생 동안 몇 번 오기 힘든 기회다.

환율 폭등이 없었다면. 그래서 삼성전자가 사상 최대 이익이 아니

그림 1-7 _ **삼성전자와 인텔의 주가 변동(2007. 12. 31~2010. 4. 5)**

출처 : 한국거래소, 나스닥(NASDAQ)

라 적자를 냈다면 주가는 어땠을까? 지금의 절반 가격 혹은 그 이하였지 않을까?

　복잡한 금융 이론을 활용하더라도 정확한 주가를 산정해내기는 거의 불가능하다. 이런 경우 아주 유용한 대안이 있다. 동종 업종의 다른 나라 기업의 주가와 비교해보는 것이다.

　삼성전자는 전자업종에 속한 세계 최대 기업 중 하나다. 그런 정도의 기업을 꼽으라면 미국의 인텔이나 일본의 소니 정도를 꼽을 수 있다. 미국 인텔의 주가와 비교한 것이 〈그림 1-7〉이다. 금융위기도 없었고 환율 폭등도 없었던 2007년 말을 기준점으로 해서 두 기업의 주가 상승률을 비교했다.

표 1-2 _ 주요 IT기업의 주가 비교

구분	2007년 12월 31일	2010년 4월 5일	등락률
인텔(Intel)	U$26.66	U$22.59	−15.26%
소니(Sony)	¥6,200	¥3,605	−41.85%
난야(Nanya)	T$54.5	T$30.85	−43.39%
평균	−	−	−33.5%
삼성전자	₩556,000	₩870,000	+56.47%

출처 : 한국거래소, 나스닥, 동경증권거래소, 대만증권거래소

그 결과는 두 눈을 휘둥그레지게 만든다. 2007년 말부터 2010년 4월 5일까지 인텔 주가는 15% 하락했는데, 삼성전자 주가는 56%가 올랐다. 삼성전자 주가가 인텔에 비해 71%p 초과 상승한 것이다.

이런 믿기 어려울 정도의 초과 상승을 이끈 가장 중요한 요인은 환율 폭등으로 인한 이익 증가다. 환율 폭등이 없었다면 삼성전자 주가는 어느 수준이었을까? 삼성전자 주가가 인텔과 같은 등락을 보였다면 2010년 4월 5일의 주가는 87만 원이 아닌 47만 원이었을 것이다.

일본의 소니 그리고 우리나라와 경제 규모가 비슷한 대만의 최대 반도체업체인 난야와도 비교해보자.

〈표 1-2〉에서 확인할 수 있는 것은 삼성전자의 주가가 세계적인 IT기업들과 비교하여 약 90%p 초과 상승했다는 점이다. 초과 상승이 없었다고 가정하면 삼성전자의 주가는 37만 원이 된다. 환율 폭등이 없었다면, 그래서 주가가 다른 기업들과 같은 등락을 보였다면 삼성전자 임원들이 스톡옵션을 행사하여 얻을 수 있었던 이익은 아예 없었거나 있었다 해도 미미한 금액에 그쳤을 것이다.

삼성전자 임원들이 스톡옵션으로 얻은 이익은 신문기사에 나온 금액이 전부가 아니다. 삼성전자가 한국거래소에 공시한 '사업보고서'에 따르면 2009년 말 현재 임원들이 보유한 스톡옵션이 모두 135만 주나 된다. 그중 극히 일부만 행사하여 571억 원의 이익을 거뒀던 것이다.

더구나 고환율정책은 그 후에도 쭉 계속됐으니 삼성전자 주가는 2010년과 2011년에도 날개를 단 듯 치솟았다. 삼성전자 사장들과 부사장들이 스톡옵션으로 571억 원의 차익을 거둘 당시 70만 원 수준이었던 삼성전자 주가가 2011년 12월에는 100만 원을 상회했다. 스톡옵션을 보유한 사람들의 이익이 엄청나게 증가했음은 구태여 수치를 확인하지 않더라도 알 수 있다.

눈을 돌려 서민경제와 엥겔계수의 실상을 파악해보자.

그림 1-8 _ **소득 하위 20%의 엥겔계수**

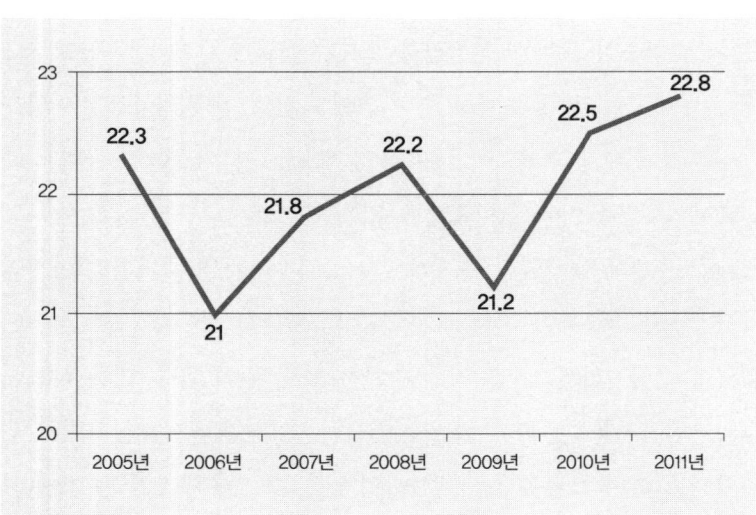

출처 : 통계청

〈그림 1-8〉은 소득 하위 20%인 서민들의 엥겔계수 추이를 보여준다. 소득이 가장 낮은 저층들의 생활이 더 어려워지고 있음이 그림에 나타난다. 정부와 여당은 "한국이 경제위기에서 가장 먼저 벗어났다"라고 큰소리치지만 서민들은 아직도 불경기의 한복판에서 고통을 참아내고 있는 모습이 그대로 드러난다.

엥겔계수가 이처럼 높이 치솟은 것은 두 가지 이유 때문이다. 둘 중에서도 소득 감소가 더 중요하다. 경제성장률은 높아진다는데 대다수 국민들의 소득은 제자리거나 오히려 감소하고 있기 때문에 국민들이 먹고사는 것 외에 돈을 쓸 여유가 없어진 것이다.

또 다른 이유는 물가 상승이다. 소득은 늘지 않았는데 물가는 하늘 높은 줄 모르고 치솟으니 엥겔계수가 높아진 것이다. 물가가 얼마나 올랐는지, 그 원인이 무엇인지는 뒤에서 자세히 살펴보겠다.

소득 감소와 물가 상승의 이면에는 환율 폭등이 자리하고 있다. 앞에서 밝혔듯이 환율 폭등으로 국민들의 실질소득이 감소한 것이 엥겔계수 상승의 주범이다.

이처럼 스톡옵션 '대박'과 서민들의 엥겔계수 '최고' 경신은 환율 폭등에 그 뿌리를 두고 있다. 환율 폭등이 한쪽에는 수백 억 원의 이익을 안겨주고, 다른 쪽에는 소득 감소라는 고통을 안겨준 것이다.

06

불경기에도 물가가
급등한 까닭은

"불경기에 좋은 점이 하나 있는데 그게 무엇일까?"

이 질문을 받으면 황당하다는 표정을 짓는 사람이 있을 것이다. 그러나 분명 경제 이론에 근거한 대답이 존재한다. 대답이 쉽게 떠오르지 않으면 불경기가 왜 생기는지를 생각해보면 된다. 불경기를 한마디로 표현하면, 가계는 소득이 감소하고 기업은 장사가 안 되는 것이다. 기업들이 물건을 만들 능력은 충분한데 만든 물건이 팔리지 않는 상태를 '불경기'라고 부른다.

불경기가 오면 기업들은 가격을 낮추어 조금이라도 더 많이 팔려고 한다. 소위 말하는 수요와 공급의 법칙이 작동하여 가격이 하락한다. 그러므로 불경기에는 물가가 하락한다. 물가 하락은 서민 경제에 아주 반가운 소식이다. 가뜩이나 불경기라서 소득이 줄어들어 고통을 받는데 그나마 물가가 하락하여 그 고통을 일부 경감시켜주기 때문이다.

이해를 돕기 위해 이를 숫자로 설명해보겠다. 불경기에 소득이 10% 감소했는데 물가가 5% 하락한다면 실질소득은 5% 감소하게 된다. 소득 감소의 일부를 물가 하락이 보충해주는 것이다. 이렇듯 물가 하락의 효과는 언뜻 생각하는 것보다 훨씬 크다.

2009년은 '세계 대공황' 이후 최악의 불경기라고 모두들 아우성이었다. 서민들이 피부로 느끼는 체감경기는 10여 년 전의 IMF 위기 때와 맞먹는 수준이었다. 당연히 서민들의 소득은 크게 감소했다. 2010년 들어서도 경제성장률은 높았지만 서민들의 소득은 소폭 증가에 그쳤다.

그러면 이런 혹독한 불경기 상황에서 물가가 하락했을까? 하락은커녕 나날이 치솟고 있다. 가계를 꾸려가는 가정주부는 물론 한 번이라도 장보기에 나선 적이 있는 남자들이라면 물가 폭등을 쉽게 실감할 수 있다. 가계의 수입은 날이 갈수록 줄어들고 있는데, 먹고살기 위해 꼭 필요한 물건들은 자고 나면 가격이 뛰고 있다.

정부의 통계는 어떤가? 정부가 발표하는 소비자물가라는 것이 서민들이 체감하는 물가 수준과는 천지 차이긴 하지만, 다른 나라들과의 상대비교를 통해 그 심각성을 판단하게 해준다는 점에서 의미가 있다. 2009~2011년 3년간 한국의 물가는 10% 이상 상승했다. 미국과 유럽 등 선진국의 2배가 넘을 뿐만 아니라 경제성장률 9%대를 유지해온 중국보다도 물가가 더 올랐다. 우리 국민들이 지난 3년간 극심한 물가 고통에 신음해온 사실을 실감할 수 있다.

문제는 국민들이 현실에서 체감하는 물가는 정부가 발표하는 물가지수와 엄청난 차이가 있다는 점이다. 가정주부들은 물가가 최소

표 1-3 _ 2009~2011년 주요국가 소비자물가 상승률 (단위 : %)

구분	2009년	2010년	2011년	합계
미국	-0.33	1.65	2.99	4.31
유럽	0.30	1.62	2.52	4.44
일본	-1.37	-0.72	-0.37	-2.46
중국	-0.68	3.33	5.50	8.15
한국	2.78	2.96	4.45	10.19

주 : 2011년은 예상치
출처 : IMF

10%는 오른 것 같다고 한숨을 내쉬는데, 정작 정부는 소비자물가 3% 상승이라는 어이없는 수치를 제시한다.

3년 5개월간 MB물가지수 22.6% 상승

MB정부 출범 초기인 2008년 3월부터 정부가 특별히 관리해온 52개 생필품의 가격지수를 매긴 소위 'MB물가지수'를 보자. 기획재정부가 2011년 9월 국회에 제출한 자료를 보면 MB물가지수는 2008년 3월부터 2011년 7월까지 3년 5개월간 22.6%나 치솟았다. 소비자물가지수의 3년간 상승률인 10.19%의 2배가 넘는다. 더욱이 MB물가지수는 말 그대로 대통령의 지시에 의해 특별히 관리되어왔기 때문에 다른 품목에 비해 상승폭이 작았을 텐데도 이 정도다.

MB물가지수를 기준으로 해도 지난 3년 5개월간 물가가 22.6%나 폭등했다. 그런데 그동안 가계소득의 대부분을 차지하는 월급은 찔끔 올랐거나, 오히려 3년 전보다 소득이 감소한 가계도 상당수이다.

그림 1-9 _ **상용근로자 5인 이상 사업체의 명목임금 상승률** (단위 : %)

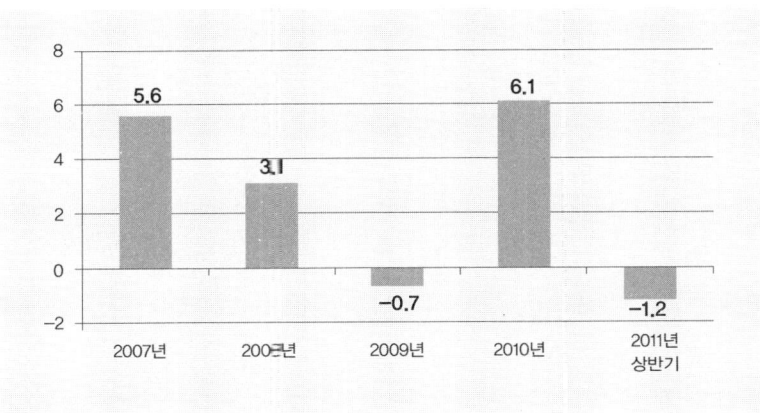

출처 : 기획재정부

    기획재정부의 통계를 보면 '상용근로자가 5인 이상인 사업체'의 근로자 평균임금은 2008년, 2009년, 2010년에 각각 3.1%, -0.7% 및 6.1% 올랐다. 2011년 상반기에는 -1.2%였다. 3년 6개월간 명목임금 상승률을 모두 합하면 7.3% 상승이다.

    '상용근로자 5인 미만 사업체'에서 일하는 취업자의 임금은 7.3%보다 적게 올랐을 것임은 굳이 숫자를 확인하지 않더라도 알 수 있다. 더욱이 전체 취업자 2450만 명의 28%를 차지하는 자영업자는 외환위기 때보다도 더 어려운 상황이니 명목소득이 크게 감소했을 것이다.

    가계의 주요 소득이라 할 2450만 명 취업자들의 명목임금은 MB정부 3년 6개월간 7.3%보다 훨씬 적게 올랐는데, 물가는 22.6%나 급등했다. 대다수 국민들의 실질소득이 15.3% 이상 감소한 것이다. 우리 국민들이 지난 3년 반 동안 소득 정체와 물가 상승이라는 두 개의 수

레바퀴에 깔려 숨쉬기조차 힘들었던 것이다.

이런 결과는 각종 여론조사에서도 그대로 드러난다. 앞에서 인용했던 〈매일경제신문〉의 2011년 3월 23일자 여론조사에 의하면 국민의 93.4%가 MB정부 3년간 가계경제가 나빠졌다고 체감하고 있었다. 여론조사에서 대다수 국민들이 그렇게 응답한 것은 물가 상승에 훨씬 못 미치는 소득 증가로 인해 살림살이가 매우 어려워졌기 때문이다.

3년 6개월간 명목임금 7.3% 미만 상승

2010년 7월 대통령은 "물가를 가장 현명하게 극복하는 길은 소비를 줄이는 길밖에 없다"고 말했다. 마치 하늘 높은 줄 모르고 치솟는 물가에 대한 책임이 국민들에게도 있다는 말처럼 들린다. "물가를 가장 현명하게 극복하는 길은" 정부의 손에 쥐어져 있다는 사실은 경제전문가가 아니라도 안다.

대학교 1학년 신입생들이 교양과목으로 배우는 《경제학원론》은 인플레이션에 대해 아주 쉽고도 명쾌하게 정의하고 있다.

"인플레이션이란 화폐가치가 하락하는 현상이다."

시중에 돈이 많이 풀리면 돈의 가치는 하락하고 물건의 가치는 상승하는데, 이것이 바로 인플레이션이란 설명이다. MB정부는 2009년 초 금리를 사상 최저로 낮추었고, 경제성장률이 6%를 넘은 2010년에도 여전히 사상 최저 수준인 3% 안팎을 오랫동안 유지했다. 또 환율

그림 1-10 _ **유가 동향** (단위 : U$)

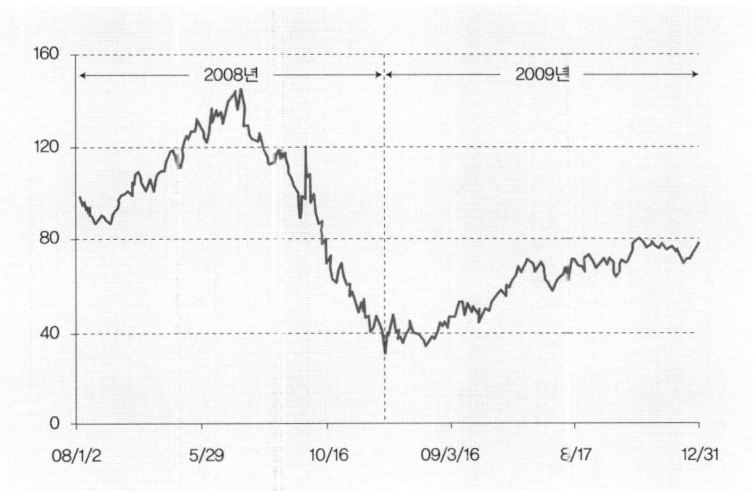

출처 : 뉴욕상업거래소(NYMEX) 서부텍사스중질유(WTI) 현물

을 급등시켜 원화의 가치를 바닥으로 떨어뜨렸다. 그러니 화폐가치가 그야말로 바닥으로 추락하였고, 물가는 폭등했다.

이처럼 물가 폭등의 원인이 분명한데도 책임을 회피하려는 발언은 그치지 않는다. 2011년 2월 28일 청와대 대변인은 방송에 나와 "물가 급등은 정부의 정책이 잘못되어서 발생한 것이 아니다"라고 말했다. 물가 상승의 책임을 국제 원자재 가격의 급등 탓으로 돌려보려는 의도였다.

〈그림 1-10〉〈그림 1-11〉 및 〈그림 1-12〉를 보면 2008년과 2009년의 원자재 가격 동향을 쉽게 알 수 있다. 원자재 중에서 물가에 가장 영향을 크게 미치는 원유가격은 2008년 한때 150달러까지 올랐다가 이후 줄곧 하락하여 2009년에는 40~80달러대에 머물렀다. 한눈에

그림 1-11 _ **콩과 밀의 가격 동향** (단위 : U$)

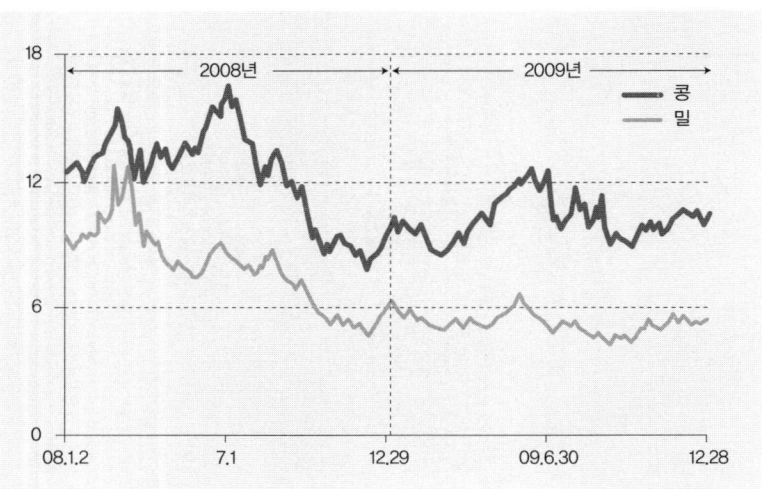

출처 : 시카고상품거래소(CBOT) 콩, 밀 근월물

보기에도 2008년보다 30% 이상 낮아졌다.

다른 원자재 가격 역시 마찬가지다. 우리 생활에 중요한 밀과 콩의 가격 역시 2008년 중반 이후 급락했다. 구태여 계산을 해보지 않더라도 2008년보다 2009년 가격이 상당히 낮은 수준임이 한눈에 들어온다. 공산품의 중요한 원료로 사용되는 구리와 아연의 가격도 마찬가지다.

IMF의 통계에 의하면 2009년 원유 가격은 2008년보다 36.3% 하락했다. 다른 원자재 가격도 평균 15.7% 하락했다. 전 세계가 불황에 빠졌으니 원자재의 수요가 감소했고, 그에 따라 가격이 하락한 것이다. 불경기에 물가가 하락하는 원리가 원자재 시장에서도 작동한 것이다. 이처럼 원자재 가격이 큰 폭으로 하락했는데도 한국의 소비자 물가지수는 3% 가까이 상승했다.

그림 1-12 _ **구리와 아연의 가격 동향** (단위 : U$)

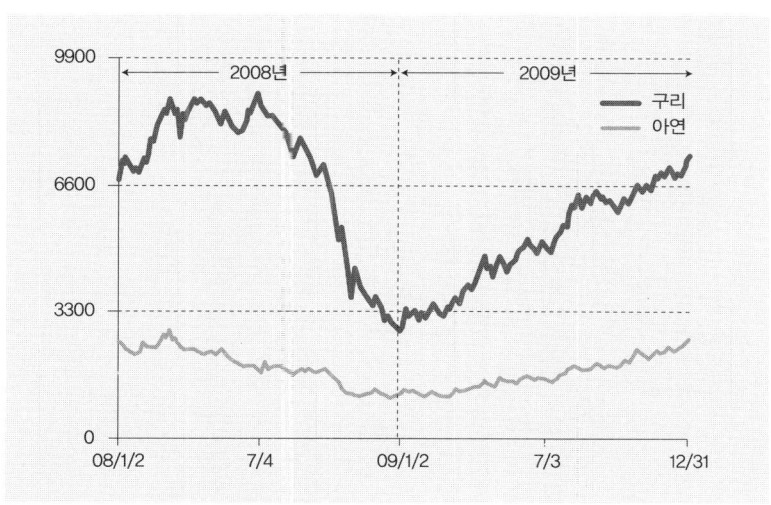

출처 : 런던금속거래소(LME) 구리, 아연 현물

원자재 가격이 급락한 2009년 한국만 물가 상승

2010년은 전년보다 유가는 27.9% 상승했고, 다른 원자재는 26.3% 상승했다. 2008년과 비교하면 유가는 여전히 낮았고, 다른 원자재 가격은 소폭 상승한 수준이었다.

2010년 국제 원자재 가격이 상승한 주 원인은 경기 회복의 영향도 있었지만, 그보다는 미국이 달러를 무제한 찍어내어 달러의 가치가 급락한 요인이 컸다. 《경제학원론》에서 설명했듯이 달러라는 화폐의 가치가 하락하니 원유 등 원자재 가격이 상승하는 인플레이션이 발생한 것이다.

달러의 가치가 하락하면 다른 통화의 가치는 상승하는 것이 정상이다. 2008년 2월 25일에서 2010년 말까지의 아시아 국가들의 환율

그림 1-13 _ **아시아 국가들의 환율 변동률(2008. 2. 25~2010. 12. 31)**

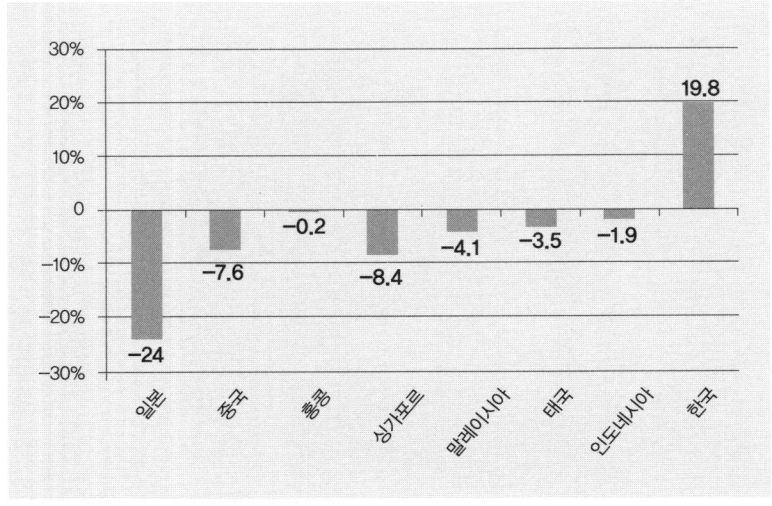

출처 : 한국은행 경제통계시스템

변동률을 나타낸 〈그림 1-13〉을 보면 이런 사실을 확인할 수 있다.

환율이 24%나 하락한 일본을 차치하더라도 아시아 모든 국가들의 환율이 하락했다. 한국보다 경제 수준이 낮은 말레이시아, 태국, 인도네시아도 각각 4.1%, 3.5%, 1.9% 하락했다. 미국이 달러를 무제한 찍어냄으로써 달러의 가치가 폭락했기 때문이다.

달러의 가치가 폭락했으니 달러로 표시한 원자재 가격이 급등하고, 아시아 국가들의 통화가치가 상승한 것이다. 그러므로 아시아 국가들의 통화로 환산한 원자재 가격의 상승률은 훨씬 낮아졌다. 당연히 아시아 국가들은 원자재 가격 급등으로 인한 물가 고통에서 비교적 자유로울 수 있었다.

그런데 한국만 환율이 급등했다. 그 이유가 정부의 인위적이고도 무리한 고환율정책 때문이었다는 사실은 2장에서 자세히 밝히도록 하겠다. 환율이 급등한 한국의 국민들은 다른 아시아 국가들과 달리 원자재 가격 급등에서 오는 물가 고통을 온몸으로 견뎌야 했다.

지난 3년간 우리 국민들이 극심한 물가 고통에 시달렸고, 또 가계의 살림살이가 힘들어졌던 이유가 저금리정책과 고환율정책 때문이라는 사실은 이제 상식이 되었다. 이 둘 중 고환율정책의 영향이 훨씬 더 컸다. 그 영향이 어느 정도였을까? 정확한 계산을 위해서는 아주 복잡한 수식이 필요하지만, 단순한 방법으로 어느 정도 가늠해볼 수는 있다.

2009년과 2010년 한국의 가계소비는 각각 576조 원과 615조 원이었다. 그리고 내수용 수입은 각각 246조 원(1926억 달러)과 295조 원(2550억 달러)이었다. 2009~2010년의 2년간 내수용 수입이 가계소비에서 차지하는 비중이 45%였던 것이다. 그러므로 환율이 10% 오르거나 내리면 소비자물가는 4.5% 상승 혹은 하락한다.

더구나 내수용 수입의 대부분은 재화 수입이다. 그리고 가계 소비에는 재화 소비 외에도 서비스의 소비도 포함된다. 그러므로 내수용 수입이 가계의 재화 소비에서 차지하는 비중은 45%보다 훨씬 더 높다. 재화 가격이 오르면 서비스의 가격 역시 약간의 시차를 두고 따라 오르므로 환율 상승이 소비자물가에 미치는 영향은 45%보다 훨씬 더 커지게 된다. 환율이 물가 상승과 그로 인한 가계의 실질소득 감소에 미치는 영향력이 생각했던 것보다 크다는 사실을 알 수 있다.

07

키코 사태, 우량 중소기업들을 '흑자도산'의 벼랑으로 내몰다

'키코(KIKO)'라는 발음마저도 해괴한 단어가 사람들의 시선을 끈 것은 2008년 9월이었다. "'키코' 손실로 '태산'이 무너졌다"라는 기사가 경제면 머리를 장식했기 때문이다. 그 기사는 향후 휘몰아칠 키코 사태의 시작을 알리는 불길한 종소리였다.

상반기 증시를 강타한 '키코 쇼크'가 결국 기업의 도산으로까지 이어지면서 업계를 초긴장시키고 있다. 환율이 급등세를 지속하고 있어 기업들의 줄도산으로 이어질 수도 있다. (중략) 17일 금융감독원에 따르면 태산엘시디는 전날 서울중앙지방법원에 회생절차개시신청을 접수했다. (중략) 태산엘시디는 올 상반기에 매출 3441억 원, 영업이익 114억 원을 기록했다. 같은 기간 키코로 인한 손실규모는 806억 원에 이른다.

출처 : 〈머니투데이〉, 2008년 9월 17일

그리고 3년이 지난 2011년 10월 3일 인터넷 포털 사이트인 다음의 검색창에 '키코'를 입력했더니 1만 5529개의 기사가 뜬다. 키코가 경제적으로 또 사회적으로 미친 파장의 정도를 가늠할 수 있다.

태산엘시디는 우량 중소기업이었다. 키코 거래를 체결했던 2007년 수출비중은 97.5%였다. 2008년 10월 키코 손실의 두 번째 희생자가 된 아이디에이치(IDH) 역시 우량 중소기업이었고, 수출 비중은 55.9%였다. 이후 수출 비중이 높은 우량 중소기업들이 줄줄이 법정관리를 신청했고, 그 이유는 키코 손실이었다.

'도대체 이런 위험한 파생상품 거래를 중소기업들이 왜 한 것이지?'라는 의문을 떠올리는 사람들이 많을 것이다. 키코란 환율과 관련한 파생상품이다. 그러므로 문제의 발단부터 결과까지 모든 부분들이 환율과 관련 있다. 중소기업들이 앞다투어 키코 거래를 체결하던 당시의 환율 상황부터 살펴보자.

〈그림 1-14〉는 2002~2007년의 환율 움직임을 보여준다. 2002년 상반기 1300원대였던 환율이 그해 하반기에는 1200원대로 떨어졌다. 그 후 2년여 1150~1230원에서 안정을 찾는 것 같더니만 2004년 10월부터 다시 급락하기 시작했다. 2004년 10월 1140원대였던 환율은 3년 동안 쉬지 않고 하락하여 2007년 10월에는 900원마저 위협하는 상황이 되었다.

수출 기업들의 가슴이 새까맣게 타들어갔음은 두말할 나위가 없었다. 최근 2년간 환율이 35%나 폭등하자 삼성전자가 최악의 불황하에서도 사상 최대의 실적을 낸 것과 정반대의 상황이었으니까. 수출을 많이 하는 기업일수록 손실은 더 커졌고 경영은 더 악화되었다.

그림 1-14 _ **환율 추이**

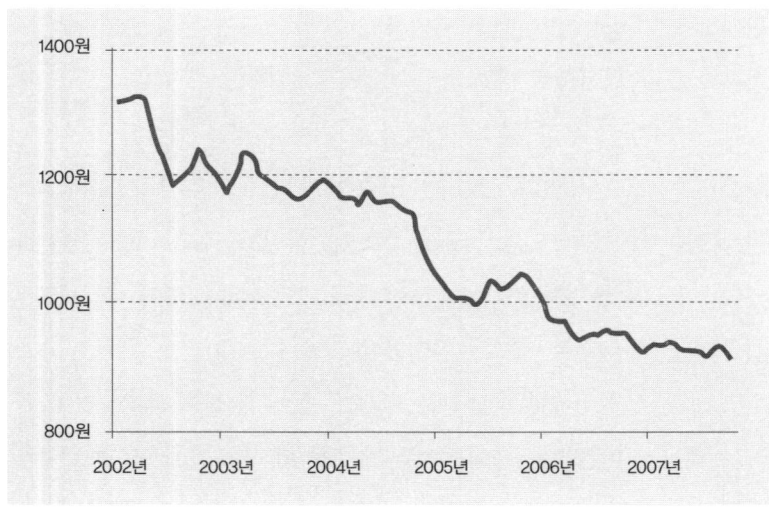

출처 : 한국은행

　2007년 하반기 상황에서 환율 전망을 했다면 어땠을까? 6년간 줄곧 한 방향으로 달려가던 환율이 갑자기 그 방향을 바꿀 것으로 기대하던 사람은 찾아볼 수 없었다. 당시 경제 상황을 돌이켜보면 경상수지는 큰 폭의 흑자를 기록했고, 국내 조선사들의 수주 물량은 일본을 제치고 세계 1위로 발돋움하고 있었다. 시장은 환율의 지속적인 하락을 예상하고 있었다. 당시 국내외 경제연구소와 금융기관들은 모두 2008년 평균 환율을 900원 내외로 전망했다.

　이런 상황에서 수출 기업들은 환율의 추가 하락에 따른 환차손을 피할 방법을 강구하기 시작했는데, 그중 하나가 키코 거래였다. 키코란 파생상품 중에서도 가장 복잡한 옵션 거래를 두 개 이상 합쳐놓은 복합 거래이므로 구조가 매우 복잡하다. 이를 알기 쉽게 풀어 설명하

표 1-4 _ 2008년 환율 전망치

기관명	평균 환율 전망
중소기업연구원	905원
금융연구원	910원
산업은행	905원
삼성경제연구소	910원
시티그룹(Citi Group)	880원
모건스탠리(Morgan Stanley)	900원

주 : 금융연구원, 산업은행, 삼성경제연구소는 평균 환율이고, 나머지는 연말 환율 전망치임.
출처 : 은행연합회 등

면 다음과 같다.

어느 수출 기업이 환율이 950원일 때 상한(Knock-In) 환율 1000원, 하한(Knock-Out) 환율 900원인 조건으로 50만 달러의 키코 거래를 체결했다고 하자. 수출대금을 받는 시점의 환율이 900~950원이면 기업은 상대 은행에 950원에 50만 달러를 팔고, 환율이 950~1000원이면 그 환율에 50만 달러를 판다. 따라서 환율이 900~1000원이면 유리한 가격에 달러를 팔 수 있으므로 기업에 이익이 된다.

그러나 거기에는 분명 대가가 따른다. 환율이 1000원 이상으로 오르면 수출 기업이 은행에 100만 달러를 950원에 팔아야 하는 것이다. 즉 환율이 1000원 이상이 되면 수출 기업이 큰 손실 위험을 지고, 그 손실은 환율이 오를수록 더 커진다.

그런데 환율이 폭등하는 바람에 키코 거래를 맺은 기업들은 손실이 눈덩이처럼 불어났다. 금융당국이 발표한 자료만으로도 447개 중소기업이 2조 3859억 원의 손실을 입은 것으로 밝혀졌다. 그리고 그들은 수출을 많이 하는 우량 중소기업들이었다.

항상 그렇듯이 정부나 감독기관들은 문제가 터지고 나면 거기에서 발생한 피해 규모를 축소하여 발표하는 경향이 있다. 그러므로 키코로 인한 수출 중소기업들의 진정한 피해 규모를 알기 위해서는 다른 자료를 더 찾아보아야 한다.

2009년 9월 30일 농협경제연구소가 〈'키코 사태'의 현황 분석 및 시사점〉이란 자료를 발표했다. 거기에는 "언론 등을 통해 이름이 공개된 47개 키코 피해 기업이 공시한 자료를 분석한 결과, 이들 47개 기업의 손실총액이 평가손실을 포함하여 4조 5000억 원에 달했다"라는 엄청난 분석 결과가 담겨 있다.

금융감독원의 발표와는 하늘과 땅 차이다. 만약 피해 기업 전체의 손실 규모를 분석했다면 상상을 초월하는 규모였을 것이다. 당시 금융시장에서는 전체 손실액을 10조 원 이상으로 추측하기도 하고, 피해를 입은 중소기업수도 1000여 개가 넘는다고 했다.

농협경제연구소의 분석 결과에는 더 심각한 사실이 들어 있다. 바로 '조사 대상 기업 47개의 77%인 36개 기업이 자기자본의 100%가 넘는 손실을 기록하였다'는 사실이다. 자기자본보다 더 큰 손실을 입으면 그 기업은 도산의 위기에 처한다. 키코 피해 기업의 77%가 '흑자도산'의 백척간두에 서 있었으니 키코로 인한 수출 중소기업들의 피해가 어느 정도였는지 짐작이 가고도 남는다. 오죽했으면 2009년 중소기업들의 새해 소망이 환율 하락이었을까?

2009년 1월 1일자 〈파이낸셜뉴스〉에 "중기 새해 가장 큰 소망은 '환율 1100원대'"라는 기사가 실렸다.

2009년 중소기업계의 최대 희망사항은 '환율 1100원대 시대' 개막이다. 지난해 중소기업을 공포로 몰아넣었던 환율 불안이 새해에는 가라앉아 환율로 인한 영업외손실이 감소하길 바라는 기대감이 큰 것이다.

지난해 말 중기업계에 따르면 새해에 환율이 1100원대로 떨어지면 부품을 수입하는 중소기업을 비롯해 키코 피해, 엔화대출 기업들의 평가손실이 줄거나 대출 부담이 줄어들어 영업에서 이익을 냈지만 부도위기에 몰리는 '흑자도산'의 공포에서 벗어날 것이란 목소리가 높다.

출처 : 〈파이낸셜뉴스〉, 2009년 1월 1일

모든 거래에는 상대방이 있다. 그러므로 중소기업들이 입은 약 10조 원의 손실이 거래 상대방에게 이익으로 돌아갔을 것이다. 키코 거래의 상대방은 주로 국내 은행들이었다. 그러면 국내 은행들은 키코 거래로 엄청난 이익을 챙겼을까? 유감스럽게도 이익을 챙긴 주인공들은 따로 있었다. 미국과 유럽계 대형 투자은행들이다. 중소기업들이 부도로 내몰리면서 지불해야 했던 천문학적인 금액은 고스란히 골드만삭스 같은 국제 투자은행의 주머니로 흘러들어 갔고, 국내 은행들은 수수료 몇 푼을 챙기는 데 그쳤다.

왜 수많은 우량 수출 중소기업들이 키코라는 위험한 파생상품 거래를 체결했는지, 어떤 이유로 또 어떤 과정을 거쳐 부도에 이르렀는지, 기업을 일군 경영자들은 어떤 고통을 겪었고 종업원들의 운명은 어떻게 됐는지에 대해서는 수백 개의 분석 자료와 수치를 제시하는 것보다 키코 피해 기업의 이야기를 직접 들어보는 것이 더 생생할 것이다.

08

어느 **중소기업 사장**의 기막힌 사연

국가 경제를 맨 밑바닥에서 떠받치고 있는 것이 중소기업이라고, 일자리를 만드는 것도 대기업이 아닌 중소기업이라며 중소기업가야말로 진정한 애국자라는 말을 많이 한다. 그런 중소기업들이, 그중에서도 우수한 1000여 개의 기업들이 키코 사태로 IMF 위기에 버금가는 고통을 겪고 있다. 환율 폭등으로 손실이 커지자 밤잠을 이루지 못하는데, 거기에 더해 주위의 시선마저 차갑다.

키코 사태가 심각한 사회문제로까지 대두되었던 2008년 하반기 어느 기사는 이렇게 시작하고 있다.

'투자는 자신의 판단과 책임하에 해야 한다.' '명약도 오·남용하면 독이 된다.' 귀에 못이 박히도록 들은 얘기를 또 해야만 하는 안타까운 현실이 씁쓸하기만 하다.

그 뒤에 나올 기사 내용을 다 인용하지 않더라도 무슨 말을 하려는지 충분히 짐작할 수 있을 것이다. 한마디로 말해 키코라는 파생상품은 중소기업 경영에 도움이 되는 '명약'인데, 일부 몰지각한 기업인들이 욕심을 내어 '오용' 내지 '남용'함으로써 스스로 파멸을 초래했다는 이야기를 꺼내기 위한 서톤이다.

아예 면전에 대고 욕을 해대는 것보다 더 큰 상처를 주는 비난이다. 언제는 진정한 애국자라더니 이제는 몰지각한 투기꾼으로 치부해 버린 것이다. 몹쓸 짓을 저지른 부도덕한 자들에게 돌팔매를 던지듯. 그 중소기업 경영자들이 어떤 크나큰 잘못을 저질렀기에 저런 비난까지 들어야 하는지, 그런 고통을 겪고 있는 중소기업인의 심정은 어떠한지 그들의 이야기에 직접 귀 기울여 보아야 하지 않을까?

연간 5000만 달러의 수출 실적을 달성하여 국가 경제의 대들보라는 칭송을 받던, 종업원 150명의 건실한 중소기업이 키코와 환율 폭등으로 하루아침에 주저앉게 된 기막힌 사연을 소개한다.

송 사장은 1998년 8월 창업했다. 단군 이래 최악의 경제위기라고 불렸던 IMF 위기의 한복판에서였다. 대한민국 땅에서 중소기업을 하는 데 가장 필요한 불굴의 도전정신, 교과서에서 멋지게 표현하는 기업가 정신이 투철했던 것을 단박에 알 수 있게 한다.

그의 나이 서른여덟이었으니 창업은 정말 어려운 결정이었다. 가족을 책임진 가장으로서 대기업 개발팀장이라는 안정적인 직장을, 경제위기가 맹위를 떨치던 시절에서 그만두는 일은 활화산 같은 열의와 각오 없이는 불가능했을 것이다.

그의 생각은 이랬다.

'창업 후 1년은 준비의 시기다. 수입은 없고, 지출만 있으므로 인내가 필요하다. 그런데 지금처럼 혹독한 불경기에는 기존 기업들도 수입이 줄고 어려움을 겪는다. 그러므로 그들과 경쟁을 시작하기에는 오히려 경기가 좋을 때보다 지금이 더 유리할 수도 있다.'

그의 예상은 적중했다. 영원히 끝나지 않을 것 같던 터널의 끝에서 의외로 빨리 빛이 비추기 시작했다. 창업한 지 1년도 안 되어 경기가 회복되기 시작한 것이다. 그의 표현에 의하면 경기 회복이 믿기지 않을 정도로 빨리 그리고 강하게 이루어졌다. 게다가 개발이 완료된 제품을 사겠다는 사람이 나타났다. 그의 말을 직접 들어보자.

"아직 양산 단계에 이르지 않은 시제품인데도 그것을 사용하겠다는 기업이 직접 찾아왔습니다. 짐작건대 경기 회복이 빨라지니까 신속하게 생산에 돌입해야 했고, 그러자면 우리가 개발한 제품을 시급히 사용해야 했기 때문이었을 겁니다."

첫해의 매출은 5억 원이었다. 당초의 기대를 훨씬 초과한 실적이었다. 그를 포함하여 두 명으로 시작했는데, 1년 만에 직원이 10명으로 늘었다. 그리고 매년 2배씩 매출이 증가했다. 성공한 기업인들의 성공 스토리에 단골로 등장하는 '몇 차례의 어려운 고비'를 그는 한 번도 겪지 않고 승승장구했다.

그리고 큰 도약의 기회가 찾아왔다. 국내 대기업에 납품만 하던 데서 벗어나 수출 활로를 개척한 것이다. 2004년부터 공을 들인 결실이 2006년 대규모 수주로 맺어졌다. 2007년 수출액이 5000만 달러에 이르렀다. 그때의 기쁨을 어찌 다 말로 표현할 수 있을까? 그는 '드디어

고생한 보람이 찾아오는구나. 인생에 세 번의 기회가 있다더니 그중 하나가 나에게도 왔나 보다'라고 생각했다고 한다.

믿기 어려운 규모의 수주 물량을 소화하기 위해서는 자금이 필요했다. 작은 중소기업이 조달하기에는 버거운 금액이었으나 지인들의 투자와 은행 대출로 해결할 수 있었다.

다음은 송 사장의 말이다.

"회사의 평판이 좋았기 때문에 전 직장의 동료들과 지인들이 기꺼이 투자했고, 은행 대출도 손쉽게 받을 수 있었습니다. 회사의 평판이 좋았던 것은 그동안 투명경영을 해온 덕분이었습니다. 사심 없이 사업에 전념해온 것을 주위에서 인정해주었기에 업계의 평판이 좋았던 거죠."

문제는 환율이었다. 2004년 하반기 첫 수출 물량을 선적할 당시 1100원대였던 환율이 본격적으로 수출이 급증하던 2006년에는 950원으로 내려오더니 2007년 하반기에는 900원마저 위협하기에 이르렀다. 만약 900원마저 무너지면 수출은 역마진이 되어 손실이 발생한다.

평생 엔지니어로 대기업에서는 물론 사업을 시작하고서도 기술개발과 제품생산 그리고 영업에만 온 힘을 쏟던 송 사장이 금융에 대해 관심을 갖기 시작했다. 그때 거래 은행에서 환율 하락 위험에 대한 헤지 수단으로 금융상품을 권유했다. 그것은 키코였다.

비록 금융에는 초보자나 다름없었지만 엔지니어 특유의 꼼꼼함을 발휘하여 모든 점을 따져보았다. 신경이 쓰이는 부분은 손실 위험이었다. 환율이 예상을 벗어날 경우 손실이 얼마나 될지를 세심하게 검토했다. 환율이 곧 900원을 깨고 내려갈 거라는 은행 쪽의 전망만을 믿고 거래를 체결할 수는 없었기 때문이다.

송 사장은 여러 연구기관들의 환율 전망을 꼼꼼히 점검했다. 바쁜 시간을 쪼개어 꼭 챙겨보던 삼성경제연구소의 2008년 환율 전망이 910원이라는 것까지 확인하고 나자 안심이 되었다. 환율에 가장 큰 영향을 미치는 경상수지 역시 분기에 40억 달러 이상의 흑자를 내고 있는 것도 안심을 하게 만든 요인이었다.

설사 환율이 오름세로 반전된다 해도 1000원을 넘을 확률은 제로에 가깝다는 것이 그가 얻은 결론이었다. 드디어 결정을 내리고 키코 계약서에 서명을 하였다. 기준 환율을 보수적으로 960원으로 잡은 것도 만일의 경우를 감안한 결정이었다. 2007년 10월의 일이었다.

꼼꼼하게 검토하여 체결한 키코 거래에서 문제의 불씨가 지핀 것은 새 정부가 들어서고 강만수 기획재정부 장관이 취임한 직후였다. 그가 공공연히 주장한 고환율정책에서 불안이 싹트기 시작했다고 송 사장은 말했다.

"키코 계약의 최종 상대방은 홍콩과 미국 소재 투자은행과 헤지펀드라는 말을 나중에 들었습니다. 국제금융시장 최대의 큰손들이 거래 상대였던 거죠. 지금 생각해보면 그들이 키코 거래를 한 목적은 큰 이익을 노리고 투기를 한 것이었습니다. 그런데 그 투기꾼들이 이익을 보려면 환율이 올라야 합니다. 투기꾼들이 이익을 낼 기회를 노리고 있는데 우리나라 경제를 책임진 장관이 환율이 올라야 한다고 강력히 주장했으니 그들에게는 그야말로 절호의 찬스였던 거죠. 투기꾼들이 그 기회를 놓치지 않고 바로 작전에 돌입했고, 그래서 환율은 폭등했던 것입니다."

물론 송 사장이 추정한 환율 폭등 시나리오가 백 퍼센트 정확하지 않을 수도 있다. 그러나 10년간 혼신을 다해 이루어놓은 기업이 하루 아침에 무너져 내리는 것을 지켜보면서, 문제가 뭐였는지를 깊이 조사하고 수없이 생각한 당사자가 내린 결론이므로 귀 기울일 만한 가치가 있을 것이다.

"키코 거래에서 우리 중소기업들이 수조 원 혹은 십조 원이 넘는 손실을 입었습니다. 그리고 그 이익은 고스란히 외국의 투기꾼들 손으로 넘어갔지요. 외국 투기꾼들이 엄청난 이익을 챙기는 데 우리 정부가 큰 도움을 준 것입니다."

환율과 금융시장에 대해 누구 못지않은 전문가라고 자부하는 내가 보기에도 그의 말은 문제의 본질을 꿰뚫는 통찰력을 담고 있었다.

2008년 3월 홍콩에서 바이어와 상담 중이던 송 사장은 본사의 직원으로부터 한 통의 전화를 받는다. 처음 몇 마디는 얼른 이해가 되지 않았다.

"사장님 문제가 생겼습니다."

"문제라니? 무슨 문제인데?"

"환율이 1000원을 넘었습니다."

"그래서? 환율이 오르던 우리 같은 수출 기업은 좋은 거 아닌가?"

송 사장은 그때까지도 환율 급등이 키코 거래의 손실로 이어진다는 생각을 떠올리지 못했다. 환율이 1000원을 넘지 않으면 손실이 발생하지 않는 거래 구조였기 때문이다.

그것은 고통의 시작에 불과했다. 1000원대로 올라선 환율은 네 달 만에 다시 1100원대를 넘어섰고, 송 사장은 거래 상대방에게 매달 6000만 원을 지급해야 했다. 그러나 거기가 끝이 아니었다. 글로벌 금융위기가 정점으로 치닫던 2008년 말 환율은 1500원을 뚫고 치솟았다.

눈덩이처럼 불어난 손실은 연매출 600억 원의 중소기업이 견딜 수 없는 정도가 되었고, 송 사장은 마침내 기업가의 죽음에 비유되는 법정관리를 신청하게 되었다.

송 사장의 기막힌 사연은 여기서 끝이 나지만 키코 사태로 인한 피해 기업들의 사연은 결코 끝난 게 아니다. 작게는 수백 명의 중소기업 사장들이 십수 년간 피땀 흘려 쌓아온 노력이 환율 폭등으로 하루아침에 물거품이 되었고, 크게는 그 기업들의 종업원들과 그들의 가족들도 일자리를 잃는 고통을 겪어야 했으니 그 숫자를 모두 헤아리면 몇만 명이 넘을 것이다. 또한 길게 보면 우리 경제의 주춧돌이라 할 우량 중소기업이 무너지고 그들이 이루어놓은 사업과 기술이 사라졌으니 국가 경제에 미친 피해 또한 헤아리기 어렵다. 이 모든 피해와 고통의 근원은 키코라는 파생상품 거래지만, 그것을 괴물로 둔갑시킨 것은 환율 폭등이었다.

제2장

고환율의 역습
시장의 실패, 투기 그리고 위기

"환율은 한 국가의 경제적 체력을 나타낸다."

익히 들어온 경제 상식이다. 환율이란 그 나라 화폐의 교환가치이므로 환율이 상승하면 그 국가의 모든 재산의 가치가 하락한다. 그러므로 한 국가의 경제가 허약해지면 환율은 오르고 화폐가치는 하락한다.

MB정부 출범 직전인 2007년 말 936원이었던 환율이 2008년 10월 28일 1467원까지 치솟았다. 환율이 무려 57%나 폭등하자 국민들은 '제2의 외환위기'라는 망령을 떠올렸고, 우량 수출 기업들은 키코 손실로 줄줄이 도산했다. 같은 기간 아시아 국가들의 환율은 대략 10% 상승에 그쳤다. 한국경제가 다른 아시아 국가들보다 훨씬 더 취약했던 것일까? 아니면 다른 이유가 있는 것일까?

환율이 천정부지로 솟구칠 때 외환시장에서는 "거대한 국제투기세력들이 작전을 개시했다"는 소문이 떠돌았다. 그들의 눈에는 한국 외환시장이 '눈먼 돈'으로 보였을까? 혹시 우리 내부에 그들을 도와준 동조 세력이 있었던 건 아닐까? 모두가 궁금해 할 질문이 하나 더 있다. 그들은 과연 의도했던 거액의 환차익을 챙기면서 유유히 한국을 떠났을까?

01

원화 환율,
적정수준인가

우리나라 원화의 적정 환율은 얼마일까?

쉽게 대답하기 어려운 질문이다. 환율이란 한 국가의 화폐가치를 다른 국가의 화폐가치와 비교한 수치다. 화폐가치는 그 나라의 경제성장률, 인플레이션, 금리, 통화량 등 거시경제지표는 물론 금융시장 상황과 기업의 경쟁력 등 모든 경제 여건을 종합적으로 반영해 결정된다. 쉽게 말하면 경제가 다른 국가들보다 더 좋은 상태이면 화폐가치는 올라가고, 경제가 상대적으로 허약하면 화폐가치는 하락하는 것이다.

가령 IMF 경제위기 때의 혼율을 생각하면 이해하기 쉬울 것이다. 단군 이래 최악의 경제위기라고 불렸던 것처럼 당시 우리 경제가 폭풍 앞의 촛불처럼 위험한 상황이었고, 원화의 가치는 그런 경제 상황을 반영하여 폭락했다. 그렇기 때문에 흔히들 국가 경제를 사람에 비유해 환율은 사람의 체력에 해당한다고 말하는 것이다.

지금 우리나라 환율은 우리 경제의 체력을 정확하게 반영하고 있을까? MB정부 출범 당시 947원이었던 환율이 2009년 평균 환율 1276원으로 1년여 만에 35%나 폭등했다. 우리나라의 화폐가치가 폭락한 것이다. 그러므로 우리 국가 경제는 MB정부가 출범한 이후 다른 국가들보다 훨씬 더 나빠졌다고 말할 수 있을까? 환율로 평가한다면 거의 망하기 직전의 경제 상황이라고 말할 수 있는데.

구체적으로 원화의 가치가 다른 국가들과 비교하여 얼마나 폭락했는지 그래프로 알아보자. 〈그림 2-1〉은 MB정부 출범일인 2008년 2월 25일부터 2009년 말까지 아시아 국가들의 환율 변동을 비교한 것이다. 참고로 2009년 말의 원화 환율은 1164원으로 2009년 평균 환율

그림 2-1 _ **아시아 국가들의 환율 변동률(2008. 2. 25∼2009. 12. 31)**

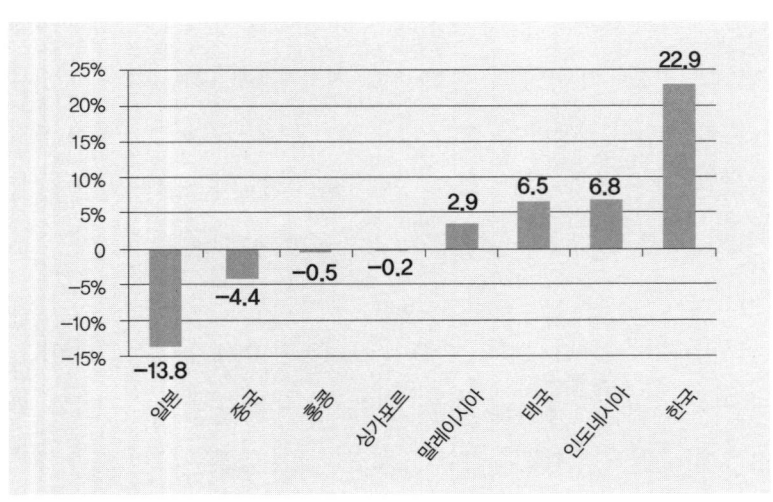

출처 : 한국은행

1276원보다 10% 가까이 하락한 상태였음을 밝혀둔다.

다른 나라 환율과 비교한 그래프를 보고 어떤 생각이 드는가?

굳이 정확한 계산을 하지 않더라도 원화 환율이 지나치게 급등했다는 생각이 강하게 들 것이다. 일본 엔화 환율의 급락은 그 이전에 실행된 '엔 캐리 트레이드(Yen Carry Trade)'가 대거 청산되어 거대한 국제 자금이 일본으로 환류된 특수한 상황이 반영된 것이므로 논외로 하기로 한다.

중국이 높은 경제성장률 덕분에 4.4% 하락한 것을 제외하면 대부분 아시아 국가들의 환율은 큰 변동이 없었다. 유독 한국만 환율이 급등했다. 2009년 평균 환율 1276원보다 10%나 하락한 1164원이었는데도 이 정도다.

환율이 그 국가의 경제 체력을 나타내는 가장 중요한 지표라는 사실을 〈그림 2-1〉에 대입해보자. 가령 인도네시아 환율은 2.9% 상승한 데 비해 원화 환율은 이보다 7배가 넘는 22.9%나 상승했다. 우리 경제가 MB정부 들어 인도네시아보다 7배나 더 나빠졌다고 환율이 말하고 있다.

다른 국가들과 비교한 결과 역시 크게 다르지 않다. 한국만 환율이 급등했으니 다른 아시아 국가들보다 훨씬 더 심각한 경제위기에 빠져들었단 말인가? MB정부는 2009년 내내 우리나라가 아시아 국가들은 물론 OECD국가들 중에서도 가장 먼저 금융위기를 극복하고 있다고 입에 침이 마르도록 자랑하곤 했는데 말이다.

어떻게 환율에 이런 일이 일어날 수 있었을까? 그 이유는 단 하나밖에 없다. 강력한 힘이 외환시장에 개입하여 원화 환율을 인위적으로 폭등시켰기 때문이다. 경제학의 아버지라 불리는 애덤 스미스는 일찍이 시장에는 '보이지 않는 손'이 있어서 가격이 최적의 수준에서 결정되도록 만든다고 설파했다. 그런데 우리나라 외환시장에서는 '보이는 손'이 시장에 개입하여 가격을 왜곡시켰고, 그 결과 환율이 경제 체력과 전혀 다른 방향으로 움직인 것이다.

이에 대해서는 잠시 뒤에 구체적으로 따져보기로 하고, 원화 환율의 폭등이 어느 정도나 비정상적인지를 확인하기 위해 새로운 잣대를 사용해보도록 하자. 바로 환율 등락을 비교하는 객관적 지표인 '달러 인덱스'가 그 잣대다.

달러 인덱스는 주요국 화폐와 비교한 달러 환율의 평균값이다. 다시 말해 주요국의 환율이 달러 대비 얼마나 등락했는지를 보여주는 수치다. 가령 달러 인덱스가 일정 기간에 3% 상승했다면, 이것은 주요국 환율이 그 기간 동안 평균 3% 상승했음을 의미한다.

〈그림 2-2〉는 원화 환율과 달러 인덱스의 추이를 비교한 것이다. 달러 인덱스보다 원화 환율이 경악할 정도로 폭등한 것이 한눈에 들어온다.

그래프 중 2008년 3월의 상황을 보자. 바로 키코 계약을 체결한 1000여 개의 우량 중소기업들이 환율 폭등으로 고통을 당하던 시기였다. 2월 25일 947원이었던 환율이 채 한 달이 지나지 않은 3월 17일 1000원을 뚫고 치솟았고, 5월 8일에는 1050원까지 급등했다. 그 결과 앞에서 소개한 '기막힌 사연'의 주인공인 송 사장을 비롯한 키코 기업의 사장들은 밤잠을 이루지 못했다.

그 기간 동안 다른 국가의 환율은 어땠을까? 달러 인덱스는 비교

그림 2-2 _ **원화 환율과 달러 인덱스**

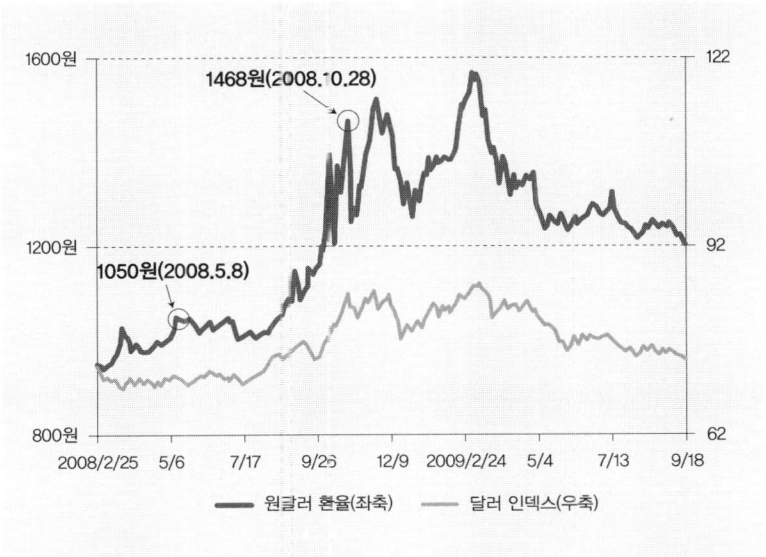

출처 : 한국은행, 미국 연방준비은행(FRB)

시점인 2월 25일보다 오히려 하락했다. 그러니까 다른 국가들은 환율이 하락하였는데 원화 환율만 MB정부 출범 직후 급등했고, 그 결과 우량 수출 중소기업들이 손실을 입기 시작했던 것이다.

송 사장이 환율 폭등으로 인한 손실을 도저히 견딜 수 없어 법정관리라는 극단적인 방법을 선택할 수밖에 없었던 2008년 하반기 이후의 환율은 어땠는가? 원화 환율은 2008년 9월 초 1100원을 넘어서더니 리먼 브러더스 파산 직후인 9월 30일 1200원을 뚫고 파죽지세로 급등했고, 급기야 10월 28일에는 1468원까지 치솟았다. 2월 25일 대비 55%나 폭등한 것이다.

같은 기간 달러 인덱스를 통해 나타난 주요국의 환율 동향을 살펴보자. 2008년 8월 들어 상승세로 돌아선 달러 인덱스는 9월 30일에는 2월 25일 대비 5% 상승했고, 10월 28일에도 17% 상승에 그쳤다. 원화가 55%나 폭등한 것과는 비교가 안 될 정도의 미약한 상승이었다.

만약 원화 환율이 주요국 환율의 평균치인 달러 인덱스 정도만 상승했다면 어땠을까? 2008년 10월 말 환율은 1468원이 아니라 1108원이 최고점이었을 것이다. 그랬다면 키코 기업들이 흑자도산이라는 벼랑 아래로 떠밀리는 일은 분명 없었을 것이다.

아시아 국가들의 환율 변동 및 달러 인덱스라는 객관적 지표와 원화 환율의 변동을 비교한 결과는 너무도 분명하다. MB정부 출범 이후 원화 환율이 폭등한 것은 경제적인 요인 때문이 아니었던 것이다.

그러면 자연스레 이런 의문이 떠오를 것이다. 원화 환율이 다른 국가에 비해 지나치게 폭등한 이유는 무엇일까?

정부의 해명이 궁금해지는 대목이다. 혹시 원화 환율이 폭등한 것이 글로벌 금융위기 때문이었다고 말할지도 모르겠다. 그러나 이런 변명은 더 이상 통하지 않는다. 글로벌 금융위기란 말 그대로 '글로벌'한 현상이었다. 위기가 우리나라만 덮친 것도 아닌데 어떻게 원화 환율만 폭등할 수 있겠는가? 정부가 입만 열면 자랑하듯 "우리가 다른 나라들보다 경제위기에서 먼저 벗어나고 있다"면 원화 환율은 되레 하락해야 할 것 아닌가?

그래서 이런 의문이 떠오른다.

'정부가 발표하는 경제 지표들과 환율의 폭등은 극단적으로 상반된 경제 현상이다. 이 둘 중 어느 하나는 잘못된 것이 분명하다. 어느 쪽이 잘못되었을까?' 지금부터 이 궁금증을 풀어나가 보자.

02

외환시장에
수요와 **공급의 법칙**은 있는가

환율 수준이 적정한지 아닌지를 평가하는 또 다른 방법은 경제학의 기본 원리인 '수요와 공급의 법칙'을 외환시장에 적용하는 것이다. 외환시장도 여느 시장과 마찬가지로 수요와 공급에 의해 가격이 결정된다. 그리고 외환시장의 가격이란 바로 환율이다.

외환시장에서 거래되는 상품인 달러의 수요와 공급은 다른 상품들에 비해 측정하기가 훨씬 더 쉽다. 수요와 공급을 구성하는 요소들이 단순할 뿐만 아니라 정확한 수요와 공급 데이터를 구하는 것도 가능하기 때문이다.

달러의 수요와 공급을 결정하는 가장 중요한 항목은 수출과 수입, 그리고 외국인 투자다. 먼저 수출과 수입을 보자. 상품의 수출과 수입의 차이를 나타내는 경제 용어가 있는데 바로 상품수지다. 2008년 3월부터 12월까지 상품수지는 46억 달러 흑자였고, 2009년에는 379억 달러 흑자였다. 수출이 수입보다 그만큼 더 많았기 때문이다. 2010년에는 무려 419억 달러로 흑자가 늘었다.

상품의 수출과 수입 외에도 해외여행, 유학, 서비스 수출입, 해외송금 등이 달러의 수요와 공급에 영향을 미치는데, 이런 항목들을 상품외수지라고 한다. 상품수지와 상품외수지를 합한 것이 경상수지다.

경상수지는 한국은행에서 매달 발표하고 있다. 한국은행의 발표에 따르면 경상수지는 2008년 3~12월에는 44억 달러 흑자였고, 2009년에는 328억 달러 흑자였다. 2010년에도 282억 달러로 큰 폭의 흑자가 이어졌다.

구분	2008년 3~12월	2009년	2010년	합계
상품수지	46억 달러	379억 달러	419억 달러	844억 달러
상품외수지	△2억 달러	△51억 달러	△137억 달러	△190억 달러
경상수지	44억 달러	328억 달러	282억 달러	654억 달러

* △는 유출이 유입보다 커서 적자 수지임.

달러의 수요와 공급에 큰 영향을 주는 또 하나의 요소인 외국인의 국내 주식과 채권에 대한 투자를 보자. 외국인의 국내 주식 및 채권의 매수와 매도는 금융감독원이 매달 〈외국인투자자 증권매매동향〉이라는 자료를 통해 발표하므로 정확한 수치를 알 수 있다.

MB정부가 출범한 2008년 3월부터 2010년 말까지 유가증권시장, 코스닥시장 및 채권시장에서 외국인의 월별 순매수 금액을 그달의 평균 환율로 환산하여 합산하면 다음과 같다.

구분	2008년 3~12월	2009년	2010년	합계
외국인 주식투자	△293억 달러	192억 달러	199억 달러	98억 달러
외국인 채권투자	△38억 달러	154억 달러	148억 달러	264억 달러
합계	△331억 달러	346억 달러	347억 달러	362억 달러

* △는 순매도임.

2008년 3월~12월간 외국인은 331억 달러를 순매도했으나 2009년에는 346억 달러를 순매수했다. 2010년에도 347억 달러어치의 국내 주식과 채권을 순매수했다. 2008년 3월부터 2010년 말까지 총 362억 달러를 순매수한 것이다.

달러의 수요와 공급에 가장 중요한 영향을 미치는 경상수지와 외국인투자를 종합하면 2008년 3월부터 2010년 말까지 경상수지는 654억 달러 흑자였고, 외국인투자는 362억 달러 순매수였다.

경상수지 654억 달러 흑자, 외국인 362억 달러 순매수

경상수지 흑자와 외국인 순매수는 달러의 공급 요인이다. 그러므로 2008년 3월~2010년 12월 동안 외환시장에서 달러의 공급이 수요보다 1016억 달러 많았다. 당연히 달러 가격인 환율은 엄청나게 하락했어야 한다. 그런데 현실은 정반대였다. 2008년 2월 25일 947원이었던 환율이 2010년 말에는 1134원으로 20%나 폭등했다. 시장원리의 주춧돌인 수요와 공급의 법칙이 조금이라도 작동되었다면 절대 일어날 수 없는 일이 일어난 것이다.

혹시 이 기간 동안 수출·수입과 외국인투자 외에 달러의 수요와 공급에 획기적인 영향을 미칠 다른 요인이라도 있었던 것일까? 그래서 환율이 폭등했던 것일까?

수출입과 외국인투자가 달러의 수요와 공급을 결정하는 가장 중요한 요인이긴 하지만, 이 두 가지 외에도 외환시장의 수요 공급에 영향을 미치는 요소들은 더 있다. 그중에서도 환율에 실질적인 영향을 줄 요소로 세 가지를 들 수 있다. 외국인의 국내 직접투자, 내국인의 해외투자, 국내 조선사들의 선물환거래 등이다.

이들 중 외국인의 국내 직접투자와 내국인의 해외직접투자를 합하여 직접투자라고 하는데, 한국은행이 매달 발표하는 국제수지 통계에서 직접투자 금액을 확인할 수 있다. 이를 정리하면 다음과 같다.

구분	2008년 3~12월	2009년	2010년	합계
직접투자	△136억 달러	△149억 달러	△194억 달러	△479억 달러

* △는 내국인의 해외 직접투자가 외국인의 국내 직접투자를 초과하는 금액임.

2008년 3월부터 2010년 말까지 직접투자에서 479억 달러가 순유출되었다. 지식경제부의 발표에 따르면 2008~2010년 3년간 외국인의 국내 직접투자 신고액은 362억 달러였다. 그런데도 직접투자에서 479억 달러가 순유출된 것은 내국인의 해외 직접투자가 그보다 훨씬 더 많았기 때문이다. 2008~2010년 3년간 내국인의 해외 직접투자 금액은 671억 달러였다.

해외 직접투자란 해외에 공장을 짓고 그곳에 기계설비를 설치하는 것이다. 당연히 투자 주체는 국내 기업들이다. MB정부의 고환율정책으로 떼돈을 번 수출 대기업들이 그 돈을 국내투자가 아닌 해외투자에 쏟아부은 사실을 확인할 수 있다. MB정부는 고환율정책을 통해 국민소득을 수출 대기업의 이익으로 이전했는데, 수출 대기업들은 그것을 다시 해외로 이전한 것이다. 직설적으로 말하면 '부의 해외 유출'과 다름없다.

국내 수출 대기업들이 천문학적인 금액을 해외에 투자하기 위해서는 달러를 사거나 혹은 수출로 번 달러를 국내 외환시장에서 원화로 바꾸지 않고 직접 해외투자에 사용했을 것이다. 그러므로 국내 기업의 해외직접투자는 달러 수요 요인으로 작용한다.

국내 기업의 해외 직접투자 671억 달러

경상수지 흑자와 외국인의 국내 증권투자를 합해 1016억 달러가 공급되었고, 국내 기업들의 해외 직접투자가 외국 기업의 국내 직접투자를 초과한 479억 달러만큼 수요가 발생했다. 국내 기업의 해외투자를 포함해도 2008년 3월부터 2010년 말까지의 기간 동안 달러 공급이 달러 수요를 537억 달러나 초과했다.

아직 점검해야 할 요소가 하나 더 남아 있다. 조선업체의 선물환거래다. 이것은 달러의 수요와 공급에 어떻게 작용했을까? 선물환거래가 달러의 수급에 영향을 미치는 경로는 복잡하므로 다소 긴 설명이 필요하다. 먼저 조선업체의 선물환거래는 대부분의 독자들에게 생소할 것이므로 먼저 이에 대해 약간의 설명을 덧붙이겠다. 선물환거래의 구조는 다소 복잡하다. 그러나 중요한 것은 그것이 달러의 수요와 공급에 미치는 영향이다. 선물환거래의 구조를 완벽하게 이해하지 못하더라도 결론만은 알고 가도록 하자.

2003년부터 세계 조선 경기가 호황에 접어들자 국내 조선업체들의 선박 수주가 급증했다. 선박 수출의 경우 수주 시점부터 건조가 완료되어 대금을 받을 때까지 장기간이 소요된다. 그 기간 동안 환율이 하락하면 손실을 보므로 조선사들은 환위험을 피하기 위해 선물환거래를 체결했다. 선물환거래란 미래 시점에서 달러를 사고팔되 환율은 현재 환율을 기준으로 미리 정하는 거래다.

가령 조선사가 2억 달러의 수주를 받았는데, 수출대금을 건조가 완료된 3년 후에 받기로 하고, 현재 환율이 1000원이라고 하자. 2억 달러에서 원자재 수입금액을 제외한 1억 달러를 3년 후에 원화를 받고 팔되 현재 환율인 1000원을 기준으로 사고파는 거래가 선물환거래다.

조선사와 선물환거래를 하는 상대방은 은행이다. 은행은 3년 후 1억 달러를 받으므로 환율이 변동하면 손실을 입는다. 따라서 은행도 환위험을 헤지해야 하는데, 현재 시점에서 달러를 차입하여 매도하는 방법을 주로 사용한다. 은행이 1억 달러를 차입하여 현재 환율인 1000원에 외환시장에서 매도하고, 3년 후 조선사로부터 1억 달러를 1000원에 매입하여 차입을 상환함으로써 환위험을 피하는 것이다.

이처럼 복잡한 선물환거래가 달러의 수요와 공급에 미치는 영향은 다음과 같다. 선박 수출은 건조가 완료된 3년 후 이루어지는데, 외환시장에서 달러는 현재 시점에서 공급된다. 가령 2008년의 경우 선박 수출은 475억 달러, 조선사의 선물환매도는 416억 달러로 추정된다.

이 경우 외환시장에서 선박 수출에 의한 달러 공급은 475억 달러가 아니라 416억 달러였다. 그러므로 외환시장에서 달러의 수요와 공급을 산정할 때, 우리나라 전체 수출액에서 선박 수출을 차감하고, 선물환매도액을 더해야 정확한 달러의 공급금액이 된다.

선물환거래에 대한 설명의 결론은 이렇다. 선박 수출액과 조선업체의 선물환매도액 차이만큼 달러 공급이 줄었다는 것이다. 가령 2008년의 경우 선박 수출액이 475억 달러, 선물환매도액이 416억 달러였다면, 외환시장에서 달러의 실제 공급은 앞서 우리가 산정한 경상수지 흑자 44억 달러보다 59억 달러만큼 줄어든 −15억 달러였다.

문제는 한국은행의 통계를 다 뒤져봐도 선박 수출과 선물환매도 수치를 정확히 파악할 수 없다는 점이다. 그러므로 다른 방법을 통해 추정해보도록 하겠다. 이를 추정하는 방법은 두 가지가 있다.

먼저 한국은행이 2010년 2월 발표한 '조선업체 환헤지가 외환 부문에 미치는 영향'이라는 자료에 따르면 2007년 말 현재 조선업체의 선물환매도 잔액은 950억 달러였다. 이 잔액이 2010년 말까지 절반으로 줄었다고 가정해보자. 그러면 425억 달러만큼 달러 공급의 감소 요인으로 작용했을 것이다. 그럴 경우 2008년 3월~2010년 12월 외환시장에서 달러의 수요와 공급은 〈표 2-4〉와 같다.

또 다른 방법은 조선업체의 선물환매도와 은행의 달러 차입이 동시에 발생한다는 사실을 활용하는 것이다. 위에서 설명했듯이 조선사와 선물환거래를 체결한 은행은 환위험 헤지를 위해 달러를 차입했다. 즉 1억 달러의 선물환거래를 하면 은행의 외화차입이 1억 달러 증가하고, 1억 달러의 선박 수출이 이루어져서 수출대금을 받으면 은행은 1억 달러의 외화차입금을 상환한다. 그러므로 은행의 외채가 증가하면 그만큼 선물환매도가 선박 수출보다 많다는 것을 의미하고, 그 경우 경상수지보다 그 금액만큼 달러의 공급이 증가한다. 물론 외채가 감소하면 그 금액만큼 달러 공급의 감소 요인으로 작용한다.

최근 정부가 발표한 자료를 보면 국내 은행과 외국 은행 국내 지점의 외화차입금이 2008년 9월 말 1462억 달러에서 2011년 6월 말에는 1151억 달러로 감소했다. 이를 토대로 조선업체의 선물환거래와 선박 수출의 차액이 311억 달러 감소했을 것으로 추정해볼 수 있다.

달러의 공급이 수요를 112억~226억 달러 초과

조선업체의 선물환매도로 인한 영향을 두 가지 방법으로 추정한 결과를 토대로 달러의 최종적인 수요와 공급을 산정하면 〈표 2-4〉와 같다. 두 경우 모두 가정을 토대로 추론한 것이므로 오차가 있을 수 있다. 그러나 두 경우 모두 달러의 공급이 수요를 크게 초과한 것으로 나타났다는 사실은 중요한 의미를 갖는다.

이제 외환시장에서 달러의 수요와 공급에 영향을 미치는 중요 변수들을 모두 살펴보았다. 그리고 그것들이 MB정부 출범 이후 어땠는지도 믿을 만한 자료에 근거해서 조사해보았다. 그 결과 2008년 3월~2010년 12월 달러의 공급이 수요를 크게 초과했다는 사실을 확인했다. 그런데 외환시장에서는 달러 가격이 폭등했다. 해당 기간 동안 외환시장이 수요와 공급의 법칙이라는 시장원리에 의해 움직이지 않았기 때문이다.

표 2-1 _ 2008년 3월~2010년 12월간의 달러의 수요와 공급

구분	선물환매도 잔액이 425억 달러 감소한 경우	선물환매도 잔액이 311억 달러 감소한 경우
경상수지	654억 달러	654억 달러
외국인 증권투자	362억 달러	362억 달러
외국인·내국인 직접투자	△479억 달러	△479억 달러
조선사 선물환거래	△425억 달러	△311억 달러
달러 공급 초과액	112억 달러	226억 달러

* △는 달러의 수요가 공급을 초과하는 금액임.

자본주의 경제를 떠받치는 가장 믿음직한 주춧돌은 시장원리이고, 이 시장원리란 바로 '수요와 공급의 법칙'이다. 일찍이 애덤 스미스가 설파했던 '보이지 않는 손'이란 바로 이 수요와 공급의 법칙을 가리킨다. 그런데 그 법칙이 한국의 외환시장에서 허무하게 무너졌다.

어떻게 이런 일이 일어났을까? 그 대답은 하나밖에 없다. 그것은 우리나라 환율이 '보이지 않는 손'에 의해 결정된 것이 아니라, 강력한 힘을 가진 '보이는 손'이 시장에 개입하여 가격을 왜곡했기 때문이다. 그 힘이 무엇인지 또 누구에게서 나왔는지는 말하지 않더라도 다들 알 것이다. 증거도 있다. 그중 하나가 외환보유고의 증가다. 2009년과 2010년 '외환보유고가 사상 최고치를 연일 갱신하고 있다'는 뉴스를 귀가 따갑게 들었을 것이다. 또 다른 '보이는 손'은 국제투기자금이다. 먼저 MB정부의 인위적인 고환율정책부터 자세히 알아보자.

# 03

환율을 조작하는
'보이는 손'의 정체

어느 대학교수가 KBS 아침 방송에 나와 강연을 한다. 2010년 2월 가정주부들이 주로 시청하는 프로그램에서 진행하는 경제특강이다. 노무현 정부에서 환율을 너무 떨어뜨리고 외환보유고를 엉터리로 관리해서 경제가 위기에 처하게 됐다는 말을 장황하게 늘어놓은 뒤 이런 말이 이어진다.

"다행히 재작년에 전설과 같은 인물이 등장하셨죠. 강만수 장관이라고. 들어오시자마자 환율을 올렸죠."

그래서 우리 경제가 위기의 벼랑 끝으로부터 가까스로 살아났다는 황당한 스토리가 뒤따른다. 위기탈출 드라마의 제목은 '고환율정책'이고, 그 드라마의 주연은 바로 강만수라고, 찬양일색이다.

공영방송의 아침 시간에 그것도 가정주부들이 가장 많이 시청하는 프로그램에서 정부와 특정 인물을 대놓고 칭송해대다니. 특강의 제목에 '재테크'라는 단어가 들어 있었으니 수백만 명의 가정주부들이 시청했을 것이다. 그 자리에서 현 정부의 잘못된 정책과 그것을 책임진 특정인을 '전설적인 인물'이라며 치켜세우는 꼴이라니! 오히려 듣고 있는 사람의 얼굴이 후끈거릴 정도였다.

게다가 어이없게도 "물가가 오르면 아파트를 사기 위해 대출받은 빚의 부담이 줄어드니까 주부들에게 득이 된다"라는 궤변으로 MB정부의 무책임한 고물가정책을 칭송해 마지않았다. 그는 "물가 안정을 외치는 경제학자를 보면 '나라 망치는 사람이구나'라고 생각하라"는 망언까지도 서슴지 않았다. 그가 고대했던 대로 MB정부 3년간 한국의 물가 폭등은 34개 OECD 국가들 중 1~2위를 다툴 정도였다. 그래서 서민들의 살림이 엄청나게 좋아졌는가?

그가 주장하는 내용, 즉 MB정부의 '고환율정책'이 우리 경제를 살렸다는 주장이 사실인지에 대해서는 3장에서 조목조목 따져보기로 하겠다. 서민들 주머니를 털어 소수 수출 대기업에 돈벼락을 안겨준 것이 과연 우리 경제에 손톱만큼이라도 보탬이 되었는지도 경제 이론을 적용해서 살펴보겠다. 여기서는 한 가지 중요한 사실만을 확인하려 한다.

'환율이 오른 것이 현 정부의 정책 때문이었고, 그것을 주도한 사람이 강만수다'라는 사실을.

앞에서 MB정부 출범 이후의 아시아 국가들의 환율 변동을 비교하고, 달러의 수요와 공급을 분석한 결과 이런 결론에 이르렀다.

'원화 환율이 MB정부 출범 이후 다른 국가들에 비해 지나치게 폭

등했다. 환율이 국가 경제의 체력을 말해준다는 상식에 어긋나는 현상이다.'

'달러의 수요와 공급을 결정하는 가장 중요한 요소는 경상수지와 외국인투자다. MB정부 출범 직후인 2008년 3월부터 2010년 말까지 경상수지와 외국인투자를 종합해보면 1016억 달러 흑자였다. 국내 기업의 해외투자와 조선업체의 선물환매도까지 감안해도 달러의 공급이 수요를 112억 달러 이상 초과했다. 수요와 공급의 법칙에 따르면 달러의 가격인 환율은 하락해야 한다. 그런데 환율이 20%나 급등했다.'

위 두 가지 사실을 토대로 이런 결론에 자연스레 이르게 된다.

'MB정부 출범 이후 환율이 폭등한 것은 경제 상식에도 맞지 않고, 수요와 공급의 법칙에도 어긋난다. 시장원리를 무너뜨릴 정도로 강한 세력이 외환시장에 개입하여 환율을 폭등시킨 것이다.'

그리고 우리 상식에 따르면 그 세력은 바로 정부였다. 우리가 별 의심 없이 자주 사용하는 단어인 '고환율정책'이란 말 자체가 '정부가 인위적으로 시장에 개입하여 환율을 올린다'는 의미를 담고 있다.

그런데 과연 고환율정책의 책임자들 역시 이 사실을 인정할까? 그들의 이야기를 직접 들어보자.

먼저 2008년 10월 7일자 〈내일신문〉의 '강만수 장관, 환율 개입 안 했다고?'라는 제목의 기사를 보자.

> 강만수 장관은 6일 기획재정부 국감에서 여야 의원이 한목소리로 환율정책의 실패를 추궁하자 "제가 언제 고환율정책을 썼느냐"고 맞받아 한때

어색한 긴장감이 흘렀다.

강 장관은 "올 3월 25일에 '현재 경상수지 적자 기조를 감안하면 환율이 어디로 갈지 자명하다'고 한 번 얘기한 것밖에 없다"고 말했다. 강 장관은 "그것도 경상수지가 적자이면 원화가치가 떨어진다는 교과서적 정책을 말한 것이지 고환율정책을 쓰겠다는 것은 아니었다"고 해명했다.

그러나 언론에 보도된 강 장관의 주요 발언만 살펴봐도 이 말은 사실이 아니다. 강 장관은 올 2월 말 외환시장에 대한 개입을 공개 발언한 뒤부터 최근까지 적어도 10여 차례 이상 공개적인 장소에서 '고환율 유도성 발언'을 해왔다.

출처 : 〈너일신문〉, 2008년 10월 7일

재미있는 점은 방송에 나온 대학교수는 강만수 장관의 '고환율정책'이 나라 경제를 살린 의대한 정책이라고 추켜세웠는데, 정작 본인은 그런 공적이 절대로 자신의 것이 아니라고 극구 부인하고 있다는 사실이다.

왜 그랬을까? 아마도 두 사람의 발언 시점의 차이 때문일 것이다. 강만수 장관이 자신의 고환율정책을 극구 부인하던 시점은 환율 폭등으로 제2의 외환위기가 오는 것이 아닌지 온 국민이 공포에 휩싸인 시기였다. 그런 상황이라면 자신이 저지른 잘못을 어떻게든 부인하려는 것이 사람의 심리일 테니까. 더욱이 1000여 개의 우량 중소기업들을 경영 위기로 빠뜨린 것 역시 환율 폭등이었기에 그 책임을 지지 않으려고 그랬을 것이다.

그러면 외환위기에 버틴가는 불안한 상황이 진정되고 우량 중소기업들의 경영위기에 대한 이야기도 잠잠해지고 난 뒤에는 어땠을까? 그의 생각도 바뀌지 않았을까?

2009년 9월 6일자 〈한국경제신문〉과의 인터뷰 기사에서 그는 "과거 재경부 장관들이 천편일률적으로 '환율은 시장에 맡긴다'고 했는데 이건 말도 안 되는 소리다. 환율이 펀더멘털과 동떨어져 있으면 정부가 잘못돼 있다는 메시지를 전달하고 그래도 쏠림이 있으면 정부가 개입해야 한다. 나는 여전히 환율주권론자다"라고 말했다.

이런 말을 하는 것이 자신에게 유리하다고 판단한 것인지, 불과 1년 전에는 두 손을 내저으며 강하게 부인했던 사실을 손바닥보다 더 쉽게 뒤집는다. 그리고 한발 더 나아가 "시장에 정부가 개입해야 한다"라고 자신 있게 큰소리친다. 그뿐이 아니다. 자신의 고환율정책 덕분에 세계적인 경제위기에서 한국경제가 일찍 벗어날 수 있었다며 자화자찬을 서슴지 않는다.

MB정부 들어 환율이 폭등한 것은 정부의 '고환율정책' 때문이었다. 그 정책 때문에 다른 아시아 국가들의 환율은 큰 변동이 없었는데 원화 환율만 급등했다. 그것은 경제 펀더멘털과 괴리된 현상이었다. 그리고 수요와 공급의 법칙이라는 시장원리에도 어긋나는 현상이었다.

04

한국에만 몰아친
'제2의 외환위기'

　당시 강만수 장관이 주도한 고환율정책은 외환시장에서 막강한 힘을 발휘했다. 2007년 10월 31일 900원 아래로 내려갔던 환율이 상승세로 전환했고, MB정부 출범일인 2008년 2월 25일 947원으로 급등했다. MB정부가 출범하기도 전에 외환시장에서는 이미 고환율정책이 시행되고 있었던 것이다.

　그러나 이 정도로 만족할 수 없었던 MB정부는 더 강력한 메시지를 시장에 보냈다. 경제를 책임지는 장관이 스스로를 '환율주권론자'라고 칭하며 환율 상승을 밀어붙였고, 환율을 시장원리에 맡기는 것은 철부지 아이들에게 국가 경제를 맡기는 위험천만한 일이라도 되는 듯이 노골적으로 시장을 압박했다.

　시장은 신속하고도 민감하게 반응했다. 금방 900원을 깨고 내려갈 거라던 경제 전문가들의 전망이 무색해졌다. 전문가 대부분이 확률

제로라고 자신 있게 말했던 환율 1000원대가 MB정부 출범 한 달도 안 되어 눈앞의 현실이 되었다. 3월 17일 외환시장은 1029원으로 마감했다. MB정부가 출범한 지 만 21일째 되는 날이었고, 외환시장 거래일수로는 15일 만이었다.

환율 하락을 예상하고 환헤지를 한 기업들은 경악했다. 환율 1000원대로의 복귀를 지켜본 시장 참가자들의 충격이 어느 정도였는지를, 2008년 4월 28일자 〈중앙일보〉의 "널뛰는 환율에 '정부 입방아'까지"라는 제목의 기사에 언급된 한 중소기업인의 말을 통해 확인해보자.

> 인지디스플레이는 올해도 원-달러 환율이 떨어질 걸로 봤다. 달러 약세가 세계적인 추세였기 때문이다. 최규승 경영관리팀 과장은 "지난해 말 모든 국내외 연구소가 올해 환율을 달러당 910원대로 예상했다"며 "우리도 910~920원을 기준으로 환헤지를 했다"고 말했다. 거래은행도 그렇게 권했다. 하지만 이 예상은 완전히 빗나갔다. 달러당 900원마저 깨질 듯하던 환율이 넉 달 만에 1000원대로 치솟았다.
>
> 출처 : 〈중앙일보〉, 2008년 4월 28일

자신의 의도대로 시장이 움직이자 MB정부는 회심의 미소를 지었을 것이다. 일부 언론과 전문가들은 정부의 인위적인 시장 개입에 대해 강한 비난을 퍼부었지만 MB정부에는 그저 '소귀에 경 읽기'에 지나지 않았다. 시장과의 싸움에서 승리했다는 승리감에 도취되어 있었을지도 모른다.

하지만 이 회심의 미소는 오래가지 못했다. 환율이 폭등하기 시작

그림 2-3 _ 원화 환율

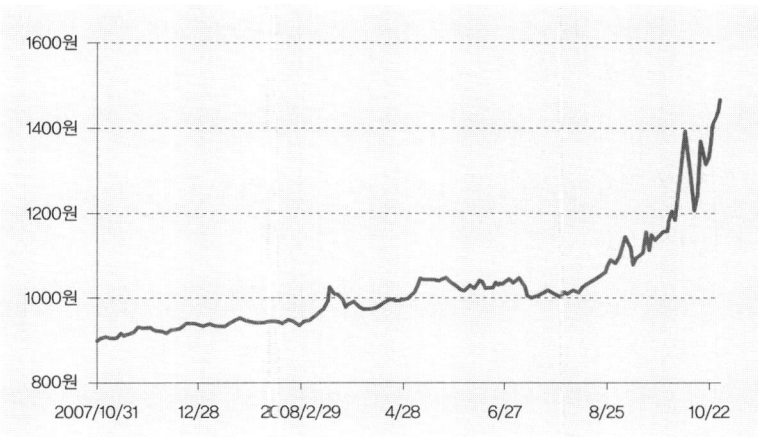

출처 : 한국은행 경제통계시스템

했기 때문이다. MB정부가 의도한 환율 목표가 얼마였는지는 알 수 없지만 그들의 예상을 깨고 환율이 치솟았던 것만은 틀림없다. 정부가 환율 폭등을 진정시키기 위해 달러 매도에 나섰기 때문이다.

그러나 환율은 이미 정부의 통제를 벗어나 걷잡을 수 없는 상황으로 치닫고 있었다. 600억 달러가 넘는 외환보유고를 시장에 쏟아붓고도 환율 폭등의 불길은 잡히지 않았다. MB정부 출범 후 단 8개월 만에 환율이 1500원의 턱밑까지 치솟았다. 국민들은 10여 년 전의 외환위기를 떠올리고 공포에 떨었다. 시장을 굴복시켰다고 환호하던 MB정부의 자신감이 사실은 어리석은 자아도취였다는 것이 드러나는 순간이었다.

이에 대해 MB정부는 "환율이 폭등한 것은 글로벌 금융위기 때문이었다"라고 서둘러 핑계를 둘러댔다. 환율 폭등이 정부의 책임이 아니라는 변명이다. 불과 몇 달 전만 해도 환율 상승이야말로 우리의 살 길이요 나아갈 길이라고 목 아프게 외치던 모습은 간 데 없이 책임 추궁을 회피하려는 모습이 비굴해 보이기까지 한다.

과연 환율 폭등의 주범이 글로벌 금융위기였을까?

"글로벌 금융위기가 터지자 외국 자금이 이머징 국가들로부터 썰물처럼 빠져나갔다. 비단 우리나라만의 특수한 현상이 아니었다. 그래서 환율이 폭등한 것이다"라는 그들의 주장이 합당한 것일까, 아니면 책임을 면하려는 근거 없는 핑계에 불과한 것일까?

글로벌 금융위기가 발생한 시점은 언제인가? 흔히들 미국의 서브프라임 사태가 글로벌 금융위기로 확산된 계기를 리먼 브러더스의 파산에서 찾는다. 리먼 브러더스는 2008년 9월 15일에 파산했다. 원화 환율이 급등한 것도 그 무렵이므로 위의 주장은 일견 그럴듯해 보인다. 그러나 그것이 사실인지 아닌지는 이머징 국가들의 환율 변동을 비교해보면 금방 알 수 있다.

MB정부 출범일부터 리먼 브러더스 파산 한 달 후인 2008년 10월 28일까지의 환율 변동을 비교해보자. 그날 원화 환율은 1467원이었다. 일본과 중국은 금융위기 중에도 환율이 하락했고, 홍콩은 변동이 없었다. 다른 국가들은 환율이 상승했지만, 상승률을 우리나라와 비교해보면 하늘과 땅만큼의 차이를 느끼게 한다. 말레이시아와 태국의 환율은 11% 상승에 그쳤다. 가장 많이 상승한 인도네시아도 17.7% 상승했다.

인도네시아만큼 상승했다면 원화 환율은 1115원이었을 것이다. 이 수준이었다면 1000여 개의 키코 기업들도 충분히 견뎌낼 정도의 손실

그림 2-4 _ 아시아 국가의 환율 변동률(2008. 2. 25~10. 28)

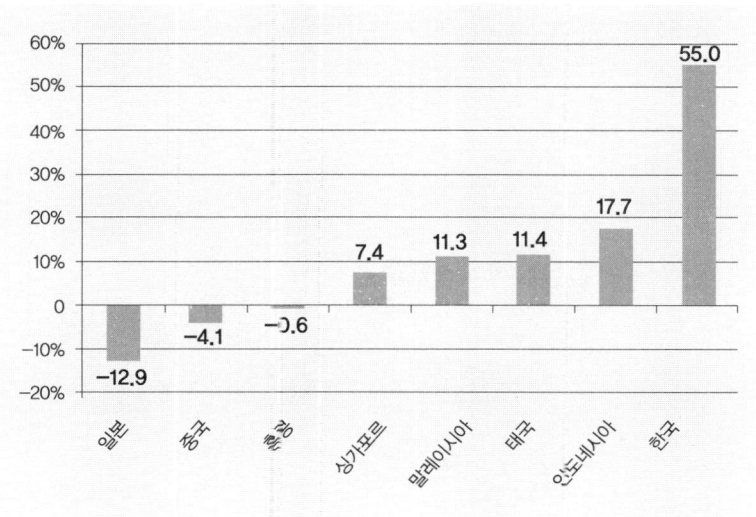

금액이었을 것이다. 그런데 한국만 환율이 55%나 폭등했고, 1467원까지 치솟았으니 온 국민이 공포에 떨었고, 우량 수출 기업들이 줄줄이 도산의 위기에 내몰렸던 것이다.

더욱이 원화 환율은 50% 이상 폭등한 상태에서 장기간 머물렀다. 5개월 이상 1400원대를 오르내렸고 급기야 2009년 3월 2일에는 1570원까지 폭등했다. 더 이상 견딜 수 없었던 우량 중소기업들이 줄줄이 도산했다.

그 시점에서 다른 아시아 국가들의 환율은 어땠을까? 〈그림 2-5〉를 보면 〈그림 2-4〉와 비슷한 결과를 볼 수 있다. 우리보다 경제가 취약한 말레이시아와 태국은 15% 상승에 그쳤다. 글로벌 금융위기가 정점으로 치닫던 시점에서 환율이 이 정도 상승한 것이 대부분 이머징

그림 2-5 _ **아시아 국가의 환율 변동률(2008. 2. 25~2009. 3. 2)**

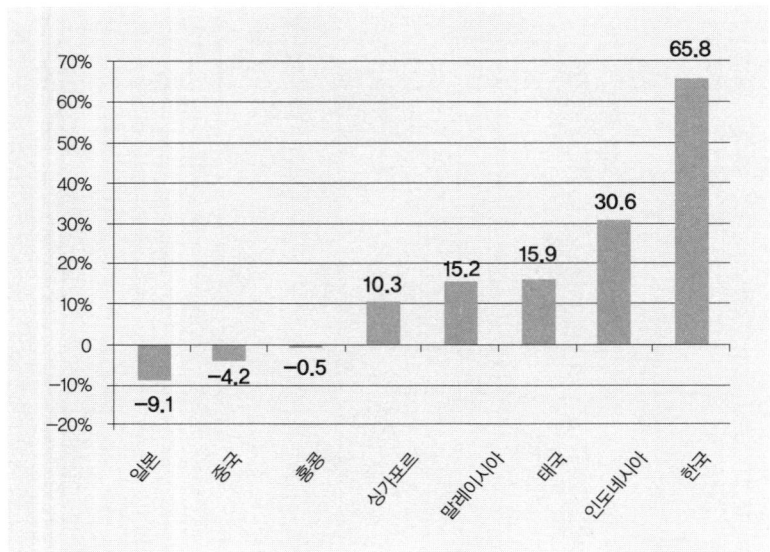

출처 : 한국은행

국가들의 상황이었다. 가장 많이 오른 인도네시아가 30% 상승했다.

그런데 한국은 65%나 폭등했다. 말레이시아와 태국의 4배, 인도네시아의 2배가 넘었으니 국민들이 제2의 외환위기 악몽에 시달리는 것도 무리가 아니었다.

글로벌 금융위기의 여파로 외국인 자금이 아시아 국가들로부터 썰물처럼 빠져나갔으니 아시아 국가들의 환율은 영향을 받게 마련이다. 그런데 아시아 국가들이 모두 글로벌 금융위기를 똑같이 겪었는데 왜 원화 환율만 폭등했을까? 분명 다른 국가들에는 없었던 특별한 일이 한국에서만 일어났기 때문에 이런 결과가 나타났을 텐데, 그게 무엇일까?

이 궁금증에 대한 대답으로 독자들은 두 가지 이유를 떠올릴 것이다. 많은 사람들이 정부가 고환율정책을 표방하며 앞장서서 환율 상승을 주도한 것을 이유로 들 것이다. 정부가 강력한 신호를 보내자 시장 참가자들이 반응했고, 그 결과 외국인이 다른 국가들보다 더 공격적으로 달러를 매도했을 것이다. 아울러 국내 기업들과 개인들마저 정부의 강력한 정책에 영향을 받아 달러 사재기에 나섰던 것도 환율 폭등에 일조했을 것이다.

또 다른 이유로 환투기 세력의 원화 공격을 떠올리는 사람도 적지 않을 것이다. 환율 폭등으로 제2의 외환위기 망령이 한국경제의 주변을 떠돌던 무렵 이따금씩 거론되곤 했던 이야기이기도 하다.

둘 다 설득력 있는 이야기들이다. 이 두 요소가 상승작용을 일으켰을 가능성도 있다. 두 요소 가운데 독자들이 더 흥미를 느낄 만한 '환투기 세력의 원화 공격'이라는 시나리오부터 이야기를 시작해보자.

05

환투기 세력의
원화 공격 시나리오

'왜 한국만 투기 세력의 공격을 받았을까?'

한국을 제외한 아시아의 다른 국가들은 글로벌 금융위기가 최고조에 달했을 때도 환율이 15% 내외 상승에 그쳤다는 사실을 확인하고 나면 곧바로 떠오르는 의문일 것이다. 환율이 가장 많이 오른 인도네시아도 30% 상승에 그쳤다. 급등이긴 하지만 당시 급박했던 금융위기 상황을 감안하면 이해할 수 있는 상승폭이다. 투기 세력의 공격이 있었다면 이 정도에 그치지 않았을 것이다.

아시아 국가들뿐이 아니다. 2008년 하반기에 휩쓸아친 금융위기의 특징 중 하나는 어느 국가에서도 환투기 세력의 공격이 없었다는 사실이다. 왜 그랬을까? 금융위기로 국가 경제가 취약해져 있었기에 투기 세력들이 작전을 펼치기에 더 없이 좋은 여건이었는데.

그것은 2008년 금융위기의 본질과 관련이 있다. 당시 금융위기 발생의 진원지는 금융기관이었다. 서브프라임 모기지 투자에서 금융기관들이 엄청난 손실을 입자 전 세계 금융 시스템이 마비된 것이 바로 글로벌 금융위기의 본질이었다. 쉽게 말해 금융기관들이 거대한 손실을 입어 자금 부족에 허덕이고 있었던 것이다.

1997년 아시아 국가들의 통화를 공격하여 외환위기를 일으킨 주범은 미국과 유럽의 헤지펀드와 투자은행, 즉 금융기관들이었다. 헤지펀드가 투기를 주도하고 투자은행들은 자금을 댔다. 그런데 2008년 금융위기 때는 그들이 모두 엄청난 투자 손실을 입어 자금이 바닥난 상태였다. 그들에게 돈을 빌려줄 금융기관들의 사정도 마찬가지였다. 그러니 투기 세력이 어느 국가의 통화를 공격하여 환율이 폭등했다는 뉴스를 접할 수 없었던 것이다.

그런 상황이었는데도 왜 유독 한국만 투기 세력의 공격을 받았을까? 얼마나 매력적인 먹이를 발견했기에 자금 부족에 시달리던 투기 세력들이 한국의 환율에만 몰려들었을까?

투기란 항상 큰 수익을 목표로 한다. 당연히 거기에 따르는 위험 역시 크다. 성공하면 엄청난 수익을 거두지만, 실패하면 치명적인 손실을 입는 것이 투기의 속성이다. 투자의 기본 원칙인 '고위험 고수익(High Risk High Return)'이 투기에도 적용되는 것이다.

그런데 만약 어느 누가 "투기가 잘못되어도 손실이 발생하지 않도록 보장하겠다"라고 하면 어떨까? 투기꾼들은 고리의 사채를 빌려서라도 덤벼들 것이다. 더구나 그 말을 한 사람이 국가의 경제 정책을 책임진 자라면 더 말할 필요도 없을 것이다. 투기꾼들이 이런 천재일우의 기회를 놓칠 리가 절대 없다.

당시의 한국 상황이 그랬다. MB정부 집권 초기 경제 정책을 쥐고 흔들던 사람들은 기회가 있을 때마다 "원화 환율이 지나치게 낮다" "환율이 올라야 한다"라고 외쳐댔다. 그들은 자신들의 발언을 실행에 옮길 권력도 손에 쥐고 있었다.

어느 누가 보기에도 환율이 하락할 가능성은 전무했다. 그 시점에서 원화를 팔고 달러를 사는 포지션을 취한다면 손실을 볼 가능성은 희박했다. 국제 투기 세력들에게 한국의 환율은 '저위험 고수익(Low Risk High Return)'의 투자 대상이었다.

당연히 국제 투기 세력은 원화를 팔고 달러를 사는 포지션에 배팅을 했고, 2008년 초부터 원화 환율은 나 홀로 껑충 뛰어오르기 시작했다.

때마침 미국의 서브프라임 모기지의 투자 손실이 눈덩이처럼 불어나고 있었고, 부실을 견디지 못한 대형 투자펀드의 파산이 잇따랐다. 손실이 커지자 이머징 국가들에 유입되었던 자금의 흐름에 작지만 뚜렷한 역류현상이 나타나기 시작했다.

투기 세력들로서는 호기를 맞은 셈이었다. 서브프라임 모기지 부실로 인한 금융시장의 충격이 커질수록 자금의 역류현상은 가속화될 것이고, 그에 따라 원화 환율은 더 가파르게 상승할 것이기 때문이었다. 만에 하나 그들의 예상이 빗나간다 해도 한국 정부는 환율 하락을 절대 용납하지 않을 것이 분명했다. 그야말로 위험 부담 없이 이익을 챙길 절호의 기회였으니 투기 세력은 '원화 매도 달러 매수' 포지션을 공격적으로 확대했을 것이다.

투기 세력의 활동은 속성상 은밀하다. 언제 얼마의 규모로 투기장을 펼치는지, 어느 시점에서 어떤 방법으로 이익을 챙겨서 떠나는지를 정확히 알려주는 공식적인 통계나 자료가 없다.

다행히 당시 소수의 언론이 환투기 세력의 활약상을 간간이 전해주곤 했었다. 이 기사들이 전하는 투기꾼들의 활동과 당시의 외환시장 상황을 퍼즐을 맞추듯 맞추어가면 투기 세력의 전모를 어느 정도 파악할 수 있다.

MB정부 출범 일주일도 안 된 시점에서 이미 환투기 세력의 준동이 감지된다는 신문기사가 나왔다. 눈 밝고 귀 밝은 사람이라면 그때부터 환투기 세력의 낌새를 눈치챌 수 있었던 것이다. 두 개의 기사를 통해 그들의 활동 상황을 감지해보자.

"환율을 시장에 온전히 맡기는 나라는 어디에도 없다."

"재경원 국장 재임 시절 IMF 회의에 들어가면 이들은 나에게 환율을 시장에 맡기겠느냐는 질문을 했고, 그때마다 환율을 시장에 맡기는 나라가 있으면 나에게 말해달라고 오히려 그들에게 되물었다. IMF의 어떤 사람도 이에 대답하지 못했다."

이명박 정부의 초대 기획재정부 장관에 임명된 강만수 장관이 29일 취임 기자회견에서 했다는 말이다. 한마디로 섬뜩하다. 1997년 IMF 사태의 악몽이 떠오르기 때문이다.

(중략)

관료의 '환율 조작'을 가장 환영하는 곳은 외국 금융 세력이다. 외국 금융 세력은 한국 관료들이 환율을 통제했을 때 가장 황금기를 구가했다.

"환율이 얼마 선 아래로 가는 것을 용납 못 하겠다"고 관료가 말하면 그때부터 신나게 돈을 벌 수가 있다. 정부가 절대 방어선을 제시한 만큼 '안심하고' 무차별 공격을 하면 떼돈을 벌 수 있기 때문이다.

따라서 환율 운용권이 재경부 관료에게서 한국은행으로 넘어오면서 '시장 중심'의 운용을 하자, 한은에 대한 외국계의 불만은 대단했다. 갑자기 적잖은 손실을 보는 일들이 비일비재하게 발생했기 때문이다. 이에 이들은 한국 정부와 언론을 만나 한은을 욕하는 일이 많았고, 과거 황금시대를 그리워했다.

이런 마당에 나온 강만수 장관의 '환율' 발언은 외국계 금융자본에 낙보 중 낙보일 듯싶다. 또다시 '황금기'가 도래할 가능성이 높아졌기 때문이다.

출처 : 〈뷰스앤뉴스〉, 2008년 3월 1일

MB정부 출범 만 5일이 지난 2008년 3월 1일 인터넷 신문인 〈뷰스앤뉴스〉가 보도한 내용으로, 강만수 장관이 '환율주권론'을 강력히 고집하자 그 부작용으로 환투기 세력이 준동할 것을 강력히 경고하는 글이다. 마치 몇 달 후의 환율 폭등을 미리 내다보기라도 하는 듯한 통찰력을 보여주는 글이다.

이 신문의 환투기 세력의 공격에 대한 경고는 한 번으로 끝나지 않았다. 강만수 장관의 취임은 외국계 금융자본의 입장에서는 '낙보 중 낙보'였기에 이후 그들의 활약상은 눈이 부셨고, 그 결과 환율이 폭등할 때마다 그 이면에서 암약하는 투기꾼의 모습을 이 신문은 일반인들에게 전하곤 했다. 그중 하나를 통해 환투기 세력의 활동상을 살펴보자.

'환투기 세력이 한국을 우습게보고 있다'라는 쿠제를 달고 있는 2008년 5월 8일자 기사다.

> 환율이 23.5원이나 폭등한 8일 오후 외환시장 책임자에게 그 이유를 물었다. 답은 "역외에서 엄청나게 치고 들어왔다"였다. 역외 환투기 세력이 집중적으로 원화를 공격했다는 얘기였다.
>
> 지난해 말부터 급증했던 경상수지 적자가 최근 급감했다. 지난달에도 적자를 기록하긴 했으나 규모는 5천만 달러로 줄었다. 그동안 환율이 급등한 결과다. 해외여행, 연수 등이 크게 줄면서 여행수지 적자 규모가 급감하고, 수출은 그만큼 잘됐기 때문이다. 경상수지 적자가 이처럼 크게 개선됐으면 원-달러 환율은 최소한 제자리를 지켜야 정상이다. 그러나 이달 들어 환율은 연일 폭등을 거듭하고 있다.
>
> 외환 책임자에게 그 이유를 물었다. 답은 "강만수 장관이 이 정도에 만족하지 않는 것으로 역외세력이 보는 것 같다"였다. 강 장관이 환율 1000원에 만족하지 않고, 그 이상을 희망하는 게 아니냐는 쪽으로 환투기 세력들이 읽고 있다는 얘기였다. 그러니 안심하고 환율 끌어올리기 공세를 펼치고 있다는 의미였다.
>
> 시장에는 벌써부터 환율이 1150~1200원까지 오를 것이란 얘기가 파다하다.
>
> 출처 : 〈뷰스앤뉴스〉, 2008년 5월 8일

MB정부가 집권한 지 두 달여 만인 2008년 5월 7일 환율이 1026원까지 급등했다. 앞에서 살펴보았듯이 다른 국가들의 환율은 하락했는데, 원화 환율만 급등했다. 그런데 투기 세력들은 당시에는 현실성이 없어 보였던 1200원대를 내다보고 있었다고 한다. 강만수 장관이 그 정도는 올라야 만족할 거라고 투기 세력들이 믿었고, 그 믿음으로 달러를 매집하고 있다고 이 신문은 전하고 있다.

정부가 환율 1200원대를 강력히 원하고 있으니 1050원 아래에서 달러를 매수하면 위험 부담이 전혀 없이 15%의 수익을 올릴 수 있는 기막힌 기회였다. 투기꾼들이 애타게 찾아 헤매던 '저위험 고수익'의 기회를 우리 정부가 제공한 것이다.

우리 외환시장에서 활동하는 환투기 세력을 묘사한 기사 하나를 더 보자. MB정부 출범 12일 만인 3월 8일 시점이라는 사실을 특히 유의하기 바란다. 앞의 기사와는 그 의도와 관점이 정반대지만 우리가 알고 싶어하는 사실인 '환투기 세력의 활약상'만은 제대로 보여주고 있다. 2008년 3월 8일자 〈조선일보〉 기사다.

환투기 세력이 '돌아온 최틀러'를 무서워했기 때문일까?

지난 3일 글로벌 외환시장에서 달러 가치는 세계 주요 통화에 대해 급락했는데도 서울에서만은 정반대로 가파른 강세(원화 약세-환율 급등)를 보였다. 외국인들이 한국 주식을 팔아 달러를 가져간 것이 환율 급등의 직접적인 원인으로 꼽혔지만 딜러들 사이에선 '최틀러' 변수가 작용했다는 해석이 나왔다.

'최틀러'란 최중경 기획재정부 1차관의 별칭. 최 차관은 2003~2004년 재경부 국제금융국장 재직 시절 외평채(외국환평형기금채권) 자금을 퍼부어 국제 환투기 세력과 격전을 벌였던 인물이다. '환율 방어에 비용을 치르더라도 환투기 세력의 준동을 막는 것이 국가 경제에 더 도움이 된다'는 게 그의 소신이었다. 그래서 그는 환율 방어를 '국방의 의무'처럼 여긴다는 평을 들었다.

(중략)

A은행 외환딜러는 "최근의 환율 급등세는 역외세력이 '최틀러'의 등장에 지레 겁을 먹고 투기 거래 청산에 나섰기 때문"이라고 전했다.

최 차관뿐 아니라 새 정부 경제팀장인 강만수 기획재정부 장관 역시 '외환 매파'에 속한다는 사실도 역외세력을 긴장시키고 있다. 강 장관은 지난달 29일 취임 직후 "환율은 경제 주권을 방어하는 수단이며, (환율 방어는) 일종의 전쟁"이라고 엄포를 놓았었다.

출처 : 〈조선일보〉, 2008년 3월 8일

〈조선일보〉의 기사에는 강만수 장관 외에 또 한 명의 환율주권론자가 등장한다. 최중경 당시 기획재정부 1차관이다. 환율에 대한 고집이 얼마나 셌으면 '히틀러'의 이름을 따온 별칭이 붙여졌을까? 이 신문은 그가 서민들의 소득 감소라는 '비용'을 치르면서 외환시장에 개입하여 환율을 상승시킴으로써 수출 대기업의 이익을 증가시키는 정책을, 마치 귀한 자녀들을 군대에 보내는 '국방의 의무'를 수행하는 일에 비유하고 있으니 어처구니가 없다.

이 기사가 전하는 '사실(fact)'과 '해석(view)'을 분리해서 보면 참 재미있는 점을 발견할 수 있다. 먼저 '해석'은 제쳐두고 기사가 보도하는 '사실'만 보면 이렇다.

'전 세계적으로 달러가 약세인데도 원화 환율만 가파르게 상승했다. 그 이유는 국내 외환시장에서만 환투기 세력들이 공격적으로 원화를 매도하고 달러를 매수했기 때문이다. 그들이 공격적으로 달러를 매수한 이유는 강만수 장관과 최틀러의 강력한 고환율정책 때문이다.'

분명한 사실은 〈조선일보〉 역시 환투기 세력이 국내 외환시장에서 '준동'하고 있었다는 '사실'을 보도하고 있다는 점이다. 즉 환투기 세력이 달러를 공격적으로 매수하여 환율이 폭등했다는 점을 두 신문의 기사가 밝히고 있다. 환투기 세력의 달러 매수를 부채질한 것이 정부의 고환율정책이라는 점도 두 신문 모두 당연한 사실로 인정하고 있다.

다만, 앞의 〈뷰스앤뉴스〉와 달리 〈조선일보〉는 환투기 세력이 원화를 팔고 달러를 매집하는 이유가 투기를 중도 포기하고 투기 거래를 청산하려는 것이라고 '해석'한다. 두 신문 중 누가 맞고 누가 틀렸을까?

〈조선일보〉의 '해석'대로라면 환투기 세력들이 그동안 환율 폭락 작전을 펼쳤다는 것인데, 이는 얼토당토않은 이야기다. 당시 상황에서 원화 환율이 폭락해서 투기 세력들이 얻을 이익이 전혀 없었으니까. 있지도 않은 환율 폭락 작전을 포기하고 환투기 세력들이 우리 외환시장을 조용히 떠나고 있다는 '해석'은 너무 어처구니가 없어 헛웃음이 나올 정도다.

만약 그 해석이 맞았다면 그다음 이야기는 이런 식으로 전개되어야 할 것이다.

'환투기 세력이 떠난 후 우리나라 외환시장은 오랫동안 평화로웠

고, 국민들은 모두 오래도록 행복하게 잘살았답니다.'

마치 동화 속 이야기의 해피엔딩처럼 투기 세력이 물러가고 한국경제와 금융시장은 평화를 구가하는 것으로 결말이 괜어진다는 이야기다. 그랬다면 얼마나 좋았을까?

그러나 그 이후 벌어진 상황은 〈조선일보〉의 '해석'과는 정반대였다. 환투기꾼들이 달러를 공격적으로 매수하여 환율을 끌어올린 것이 한국 외환시장에서 물러나기 위해서가 결코 아니었으니까. 〈뷰스앤뉴스〉가 예측한 것처럼 그들의 달러 매수는 한국 외환시장에서 거대한 차익을 남기려는 투기의 시작이었다. 그리고 한국의 기획재정부 장관과 차관은 환투기꾼들의 투기에 결정적인 기여를 했다.

여기까지 글을 읽은 독자들은 머릿속에 번뜩 떠오르는 누군가의 목소리가 있을 것이다. 귓가를 쟁쟁히 울리는 그 목소리의 주인공은 앞에서 기막힌 사연을 들려주었던 송 사장이다.

환율이 1000원을 넘을 확률이 제로라는 판단하에 환차손을 방지하기 위해 키코 계약을 체결했는데, 환율이 별안간 1000원을 넘고 또 얼마 지나지 않아 1500원마저 뛰어넘자 도저히 견디지 못하고 법정관리를 신청한 그 송 사장의 말이다. 그의 이야기를 잠시 떠올려보자.

"키코 거래의 최종 상대방이 미국과 홍콩의 금융자본이라는 사실을 나중에 알게 되었습니다. 그들은 환율에 배팅하여 큰 이익을 챙기려는 국제투기세력이었던 거지요. 그들이 키코 거래에서 큰 이익을 챙기는 길은 환율이 폭등하는 거였습니다. 그러니 환율을 폭등시킬 기회를 호시탐탐 노리고 있었던 겁니다. 그때 강만수 장관이 환율이 올라야 한다고 강력히 주장했습니다. 국제 투기꾼들이 그 좋은 기회를 놓칠 리가 없었으니까 즉각 환율 폭등의 작전에 돌입한 거지요."

송 사장은 10년간 혼신을 다해 일궈온 기업이 영문도 모른 채 죽음을 맞게 되자 잠을 이룰 수가 없었다고 한다. 뜬눈으로 지새운 그 많은 밤들 동안 그의 머릿속에 뚜렷이 자리 잡은 의문은 '도대체 왜 환율이 폭등하게 되었을까'였다.

수많은 환율 전문가를 만나고, 수천 쪽의 환율 관련 자료를 읽고 나서야 그 실체를 파악할 수 있었다고 한다. 그러므로 그의 말은 누구도 가볍게 여길 수 없는 무게를 가졌고 경제학 박사의 논문보다도 더 진실에 가까울 것이다.

송 사장의 이야기대로 호시탐탐 환율 상승 기회를 노리던 국제투기세력들에게 환율주권론자의 등장은 더없이 반가웠을 것이다. 그들은 거침없이 원화를 팔고 달러를 매집함으로써 환율 폭등 작전을 실행했을 것이다. 그들이 금융위기 발생까지 예측했는지는 알 수 없으나, 때마침 발생한 금융위기를 환율 폭등을 위한 기회로 활용했을 것이다. 그 결과 한국에서는 글로벌 금융위기의 영향을 똑같이 받은 아시아 국가들보다 4배 이상 원화 환율이 폭등했고, 투기세력들은 엄청난 이익을 챙기고 유유히 한국을 떠날 수 있었다.

"설마 그런 영화 같은 이야기가 사실이겠어?"라며 환투기 세력의 활약을 믿지 못하겠다는 사람도 있을 것이다. 그런 사람들을 위해 고려대학교 경영대학장인 장하성 교수의 이야기를 들려주겠다.

장하성 교수는 오랜 기간 참여연대를 이끌면서 삼성그룹 등 국내 재벌들의 잘못된 경영 관행을 바로잡기 위해 힘든 싸움을 벌였다. 그래서 재벌들의 지배구조와 자본시장을 한 단계 업그레이드시키고, 한국경제가 선진국에 한 발짝 가까이 가는 데 큰 공헌을 한 사람이다. 그런 그가 정부의 잘못된 고환율정책과 그로 인한 유망 중소기업들의 줄도산, 그 후에도 계속되는 정부의 무책임한 발뺌에 더 이상 참지 못하고 일갈했다. 2008년 10월 30일이었다. 2008년 10월 31일자 〈내일신문〉에 장하성 교수와의 인터뷰 내용이 담긴 "강만수 경제팀 안 바꾸면 국민소환으로 해임"이라는 제목의 기사가 실렸다.

> 장 교수는 강만수 경제팀이 강한 불신을 표시했다. 그는 "3월부터 분명히 의도적으로 환율 상승을 유도해 투기 세력을 초청, 환율 도박판을 벌였다"며 "말을 계속 바꾸고 시장에 과도하게 개입했다"고 지적했다.
> (중략)
> 그는 "정부가 의도적으로 환투기를 조장했다"며 "리먼 브러더스가 파산한 9월 15일 이전까지의 환율 상승은 외국인 탓이 아니다"라고 주장했다.
> 외국인들의 우리나라 주식매도, 무역수지 악화 등을 환율 상승의 원인으로 지목하는 데에 반대했다
> 그는 "매일 환율과 외국인 주식매도를 점검해봤는데 거의 연관성이 없고 외환보유고를 고려할 때 무역수지 악화가 그리 크지 않았다"며 "외국인들이 우리나라 주식만 팔았다는 증거도 없고 우리나라 시장이 그리 크지도 않다"고 설명했다.
>
> 출처 : 〈내일신문〉, 2008년 10월 31일

이 기사는 "정부의 잘못된 환율정책이 투기세력을 불러들였다"는

사실을 다시 한 번 확인해준다.

  이미 말했듯이 투기세력의 은밀한 행적을 신문기사로 정확히 밝히는 데는 한계가 있다. 그러나 아시아 국가들 중 한국만 유일하게 외환위기의 문턱을 밟은 것이 정부의 잘못된 환율정책과 그것을 이용하여 큰 수익을 챙기려던 국제 환투기 세력의 합작품이었다는 사실을 밝히는 데는 부족함이 없을 것이다. 그리고 1000여 개의 우량 수출 중소기업들은 아무것도 모른 채 희생양이 되었던 것이다.

06

키코 기업들, 법적 다툼의 끝은

"키코는 기업과 은행이 이득을 얻을 확률이 매우 불평등한 거래는 아니다. 또 은행이 키코의 위험을 숨기고 계약을 체결했다고 볼 수 없다."

2011년 7월 19일 키코 고발 사건을 수사해온 검찰이 1년 5개월에 걸친 장고 끝에 내린 결론이다. 키코 피해 기업 192개 사가 11개 은행 임직원을 사기혐의로 고발한 데 대해 검찰이 무혐의 처분을 내린 것이다.

그보다 8개월 전인 2010년 11월 29일, 키코 피해 기업 118개 사와 은행 간의 민사소송 1심 판결에서도 법원은 은행의 손을 들어줬다. 서울중앙지법 재판부는 판결문에서 "키코는 불공정한 상품이 아니다. 키코의 상품구조와 계약약관이 불공정하다는 기업 측의 주장은 받아들이지 않는다"라고 밝혔다. 기업들은 곧바로 항소했으나 항소심 판결은 달라지지 않았다.

이로써 키코 피해 기업들은 법적으로 더 이상 호소할 곳이 없어진 것일까? 수백 개의 우량 중소기업들은 키코로 입은 수조 원 이상의 손실을 전액 떠안고 회생의 몸부림을 쳐야만 하는 것일까?

'키코 사태'의 발생 과정과 그 이후의 법적 다툼까지 전 과정을 눈을 떼지 않고 지켜본 필자로서는 한 가지 의문을 지울 수 없었다. 그것은 피해 기업들이 제기한 민·형사소송이 문제의 핵심을 비켜갔다는 사실이다.

피해 기업들이 민사와 형사소송에서 제기한 문제는 "키코 거래가 기업에 일방적으로 불리한 불공정거래이고, 거래 당시 은행이 키코 거래에 내재한 위험을 기업들에 충분히 알려주지 않았다"는 점이었다.

그러나 법원과 검찰은 판결문과 무혐의 처분 이유에서 밝히고 있듯, "키코 거래 자체는 매우 불공정하다고 할 수 없었고, 기업들이 키코 거래의 위험성을 알고 있었다"라고 판단했다.

검찰과 법원의 이런 판단은 충분히 예견된 것이었다. 키코 거래는 옵션의 조합으로 만들어진 파생상품거래이므로 대단히 복잡한 구조로 이루어졌다. 그러나 그 핵심은 의외로 단순하다. 1장에서 살펴보았던 예를 다시 인용하면 '환율이 900원에서 950원 사이에 있으면 기업이 이익을 보고, 950~1000원 사이에 있거나 900원 아래로 내려가면 어느 쪽도 이익이나 손실을 보지 않으며, 환율이 1000원 위로 올라가면 기업이 큰 손실을 입는다'는 것이다. 그러므로 기업이 이런 위험성, 즉 '환율이 1000원 이상 상승하면 큰 손실을 입을 위험성'을 몰랐을 리가 없다.

그런 큰 손실위험이 내재된 파생상품거래에 기업들이 왜 뛰어들었을까? 그것은 환율이 1000원 위로 오를 가능성이 전혀 없다는 믿음이 있었기 때문이다. 당시 시장의 컨센서스 역시 그러했고, 내로라하는 국내외 연구기관들과 투자은행들도 환율 전망치를 900원 아래로 발표했으니까.

그러므로 키코 기업들에 천문학적인 손실을 안겨준 주범은 은행의 '사기'가 아니라 '예기치 않은 환율 폭등'이었던 것이다. 이런 사실은 검찰이 밝힌 무혐의 처분 이유에서도 확인된다. 7월 20일자 〈내일신문〉의 기사에 의하면, 검찰은 "키코 계약으로 인한 기업 손해는 주로 환율의 급격한 상승 때문이었고, 당시 국내외 다수의 금융기관들도 급격한 상승을 예측하지 못했다"라고 무혐의 처분 이유를 밝혔다.

키코 사태의 본질이 이렇게 분명한데도 왜 피해 기업들은 사태의 본질인 '환율 폭등의 원인'에 대해 문제를 제기하지 않을까? 아마도 환율 폭등이 전 세계적인 금융위기 때문이었다고 지레 단정 짓고 있는지도 모르겠다. 검찰 역시 "기업들이 키코로 손해를 본 건 금융위기 때문이었다"라고 말했다고 한다.

정말 그럴까? 환율이 폭등한 것이 단지 금융위기 때문이었을까? 앞 글에서 금융위기가 환율 폭등에 어느 정도 기여했는지를 판단하기 위해 금융위기 당시 아시아 국가들의 환율 상승을 비교해본 결과 놀랄 만한 결과를 확인했다.

MB정부 출범일인 2008년 2월 25일 947원이었던 원화 환율은 리먼 브러더스 파산 한 달 후인 2008년 10월 28일 1467원까지 무려 55%나 폭등했다. 같은 기간 환율이 가장 많이 상승한 국가는 인도네시아로 상승률이 17.7%였다. 태국과 말레이시아는 각각 11.4%와 11.3%

상승했다. 환율이 12.9%나 하락한 일본과 4.1% 하락한 중국을 제외하더라도 금융위기의 영향으로 아시아 국가들의 환율은 평균 13.5% 상승했다. 만약 원화 환율이 그 정도 상승했다면 2008년 10월 환율은 1467원이 아니라 1074원이었을 것이다. 가장 많이 상승한 인도네시아만큼 올랐더라도 1114원에 그쳤을 것이다.

환율 상승이 그 정도였다면 우량 수출 중소기업들의 손실은 지금의 반의 반도 안 되는 수준이었을 것이고, '흑자도산'까지 내몰린 기업은 거의 없었을 것이다.

왜 원화 환율이 아시아 국가들보다 몇 배나 더 많이 폭등했는지에 대해서는 앞 글에서 명쾌하게 밝혔다. 더구나 '고환율정책'을 공격적으로 추진한 당사자인 강만수 장관은 언론과의 인터뷰에서 "환율이 펀더멘털과 동떨어져 있으면 정부가 개입해야 한다"며 자신의 고환율정책을 자랑하고 있다. 한술 더 떠서 "고환율정책을 폈기 때문에 제2의 외환위기를 막을 수 있었다"고도 했다.

이처럼 환율 폭등의 원인이 명확한데도 왜 키코 기업들은 그에 대해 문제제기를 하지 않을까? 상대가 정부 정책과 그것을 집행한 권력자이기에 계란으로 바위치기라고 지레 포기한 것일까? 만약 정부 정책이 잘못되고 그로 인해 기업이 엄청난 손실을 입은 경우 기업들은 억울함을 속으로만 곱씹어야 하는 걸까?

MB정부의 인위적이고도 무리한 고환율정책이 올바른 정책이었는지 아니면 아주 잘못된 정책이었는지를 밝히는 것은 그런 점에서 의미가 크다 할 것이다.

강만수 장관이 주장하는 외환시장 개입의 정당성은 무엇일까? 그의 말에 의하면 "환율이 펀더멘털과 동떨어져 있으면" 정부가 개입해야 한다는데, 그 말은 구체적으로 어떤 사실을 지칭할까? 그의 인터뷰 기사를 보면 줄기차게 주장하는 한 가지 사실이 있다. 2009년 8월 10일 〈조선일보〉와 인터뷰한 내용을 보자.

노무현 정부 마지막 3~4년 사이에 **우리 환율이 45% 절상이 됐는데, 일본이 14% 절상이 됐다.**

출처 : 〈조선일보〉, 2009년 8월 10일

그가 주장하는 "원화 환율이 펀더멘털과 괴리됐다"는 근거는 일본보다 더 급격하게 원화가 절상되었다는 사실이다. 이런 주장은 그 이후에도 계속되었다. 2009년 9월 6일자 〈한국경제신문〉과의 인터뷰 기사를 보자.

지난해 환율 상승은 과도하게 고평가된 원화가치가 정상화되는 과정이었다. **경상수지가 2004년 280억 달러 흑자에서 매년 반 토막으로 악화돼 적자로 가는데도 원화는 일본의 3배나 절상됐다.** 과거 재경부 장관들이 천편일률적으로 '환율은 시장에 맡긴다'고 했는데 이건 말도 안 되는 소리다. 환율이 펀더멘털과 동떨어져 있으면 정부가 잘못돼 있다는 메시지를 전달하고 그래도 쏠림이 있으면 정부가 개입해야 한다.

출처 : 〈조선일보〉, 2009년 9월 6일

여기서 아주 중요한 사실을 발견할 수 있다. 2003년과 2009년 금융위기 기간 동안 원화 환율이 아시아 국가들보다 3배 이상 더 폭등한 것은 '정부가 (외환시장에) 개입'하여 환율을 끌어올렸기 때문이라는 사실을 강만수 장관이 자인하고 있다는 점이다. 다시 말해 MB정부가 외환시장에 개입하지 않았다면 2009년 3월 2일 환율은 1570원이 아니라 1150원 언저리였을 것이다.

강만수 장관은 MB정부가 외환시장에 개입하여 환율을 끌어올린 이유가, 노무현 정부 때 "경상수지가 2004년 280억 달러 흑자에서 매년 반 토막으로 악화"돼 가는데도 "원화는 일본의 3배나 절상"됐기 때문이라고 언급하고 있다.

참 어처구니가 없어 헛웃음이 나올 정도다. 서민의 주머니를 털어 수출 대기업에 천문학적인 이익을 안겨주고, 수백 개에 달하는 우량 중소기업을 흑자도산으로 내몬 고환율정책의 명분이 고작 그 정도였다니. 일본의 엔화가 왜 한국의 원화보다 덜 절상되었는지는 경제 전문가가 아니라도 알고 있는 상식이다.

2000년 초부터 신문의 경제기사를 읽을 때마다 눈길을 끌던 다소 낯설었던 금융용어인 '엔 캐리 트레이드'는 이제는 상식적인 용어가 되었다. 일본이 오랫동안 제로 금리를 유지하자 앞다투어 엔화를 차입하여 다른 국가에 투자했는데, 이것이 바로 엔 캐리 트레이드다. 엔 캐리 트레이드는 엔화를 다른 통화로 환전하는 과정이 필연적으로 수반되므로 엔화는 오랫동안 매도 압력을 받았고 당연히 엔화 환율은 상승 압력을 받았던 것이다.

그런 상식을 그가 모를 리가 없을 텐데도 버젓이 "원화 환율이 엔화보다 더 하락했으니 펀더멘털과 괴리되었다"고 말하다니. 고환율정책에 대한 명분이 오죽 없었으면 이런 말도 안 되는 사실을 명분이라고 내세우고 있는 걸까?

2008년 이후 글로벌 금융위기가 몰아치자 엔 캐리 트레이드를 통해 이머징 국가에 투자됐던 돈들이 대거 회수되었고, 그 자금으로 차입했던 엔화를 상환하기 시작했다. 그러자 엔화 환율이 수직 하락했다. 엔 캐리 트레이드가 청산된 현재의 엔화 환율이 본래의 환율 수준이다.

〈그림 2-6〉이 보여주고 있듯 2002년 초 이후 원화와 엔화 환율은 3년간 비슷한 궤적을 그렸다. 2001년 1월 1317원이었던 원화 환율은 2005년 1월에는 1038원으로 21% 하락했는데, 같은 기간 엔화 환율

그림 2-6 _ **원화와 엔화 환율 비교(2002. 1~2011. 11)**

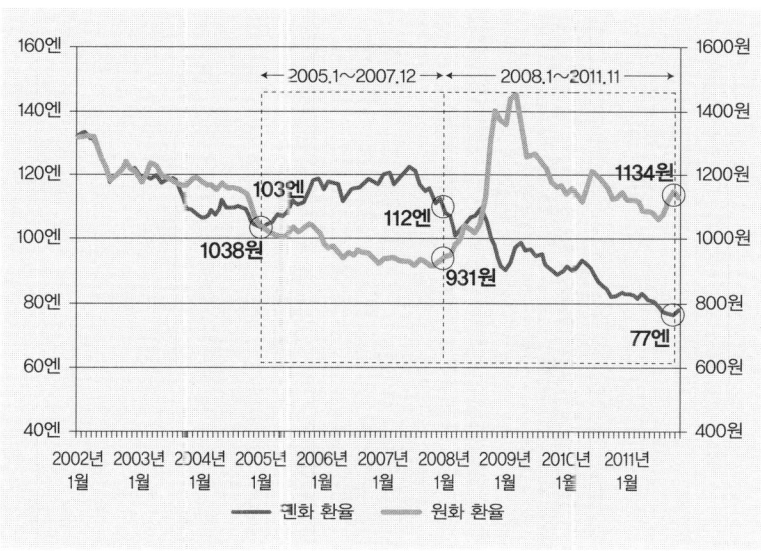

출처 : 한국은행 경제통계시스템

은 132.6엔에서 103.2엔으로 22% 하락했다. 그런데 2005년 들어 갑자기 엔화가 상승세로 돌아섰다. 2005년부터 2007년 말까지 3년간 원화 환율은 10% 하락한 데 반해 엔화 환율은 9% 상승했다.

이를 근거로 강만수 장관은 "원화 환율이 펀더멘털과 괴리되어 하락했다"고 억지 주장을 펴고 있는 것이다. 그러나 그 기간이 엔화의 제로 금리를 이용한 '엔 캐리 트레이드'가 천문학적으로 증가하던 시기였음은 금융 전문가가 아니라도 알고 있는 사실이다.

2007년 초 이후 세계 금융시장이 불안해지기 시작하자 세계 각지에 투자되었던 엔 캐리 트레이드 자금들이 회수되기 시작했고 엔화 환율은 급락했다. 2007년 12월 112엔이었던 엔화 환율은 2011년 11월에는 77엔으로 하락했으니 하락률이 무려 31%에 달했다. 2005년 이후 3년간의 엔화 환율 상승이 펀더멘털 요인 때문이 아니듯, 2007년 이후의 급격한 하락 역시 펀더멘털에 근거한 것이 아니었다. 엔 캐리 트레이드의 발생과 회수라는 수요공급 요인이 엔화 환율의 급등락을 야기했던 것이다.

이처럼 전문가가 아닌 일반인들도 모두 알고 있는 상식을 경제를 책임진 장관이 모른 체하며, "노무현 정부 마지막 3~4년간 환율이 지나치게 많이 하락했다" 또 "경상수지가 2004년 이후 악화되었기 때문에 환율이 상승해야 했다"라며 환율을 무리하게 끌어올렸던 것이다.

마치 노무현 정부가 저환율정책을 썼던 것처럼 주장하는 그에게 묻고자 한다. 일정 기간 동안 환율이 하락하면 정부가 저환율정책을 썼다고 말할 수 있나? 2009년 말 1164원이었던 환율이 2010년 말에는 1134원으로 환율이 3% 하락했다. 그러니 MB정부가 2010년 '저환율정책'을 시행했다고 말할 수 있을까? 초등학생도 웃을 주장이다.

'정책'이라는 말은 정부가 시장에 개입하여 가격에 영향을 미치는 행위를 말한다. MB정부는 2010년에도 외환시장에 개입했다. 외국인과 수출 기업들이 파는 달러를 쉬지 않고 사들였다. MB정부는 2010년에도 고환율정책을 지속했던 것이다. 그럼에도 불구하고 외국인과 수출 기업들의 달러 매도가 엄청났기에 환율이 하락했다.

노무현 정부는 어땠을까? 저환율정책을 시행하여 외환시장에서 적극적으로 달러를 팔았을까? 그래서 환율이 펀더멘털보다 더 하락했을까? 앞에서 인용했던 〈조선일보〉 기사에서 그 답을 찾을 수 있다.

> 최중경 차관은 2003~2004년 재경부 국제금융국장 재직 시절 외평채 자금을 퍼부어 국제 환투기 세력과 격전을 벌였던 인물이다. '환율 방어에 비용을 치르더라도 환투기 세력의 준동을 막는 것이 국가 경제에 도움이 된다'는 게 그의 소신이었다.
>
> 출처 : 〈조선일보〉, 2008년 3월 8일

있지도 않은 환투기 세력까지 들먹이는 등 마치 외세의 침입을 막은 독립투사의 위인전을 읽는 기분이다. '환율 방어'라는 고상한 단어로 미화하고 있지만, 사실은 외환시장에 인위적으로 개입하여 환율 하락을 막은 '시장의 보이는 손'에 불과할 따름이다.

노무현 정부 시절인 2003년과 2004년에도 정부는 엄청난 자금을 퍼부어 환율 하락을 인위적으로 막았던 것이다. 한마디로 말하면 노무현 정부 역시 고환율정책을 폈던 것이다.

그림 2-7 _ **참여정부 경상수지 흑자** (단위 : 억 달러)

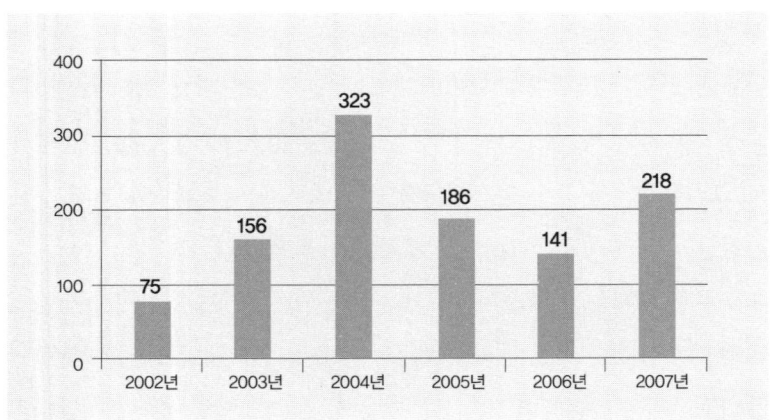

출처 : 한국은행 경제통계시스템

"경상수지가 악화됐는데도 원화 환율이 하락한 것이 잘못되었다"는 주장도 한국은행의 통계시스템에 잠깐 들어가보면 금방 들통날 거짓말이다. 노무현 정부 5년간의 경상수지를 보자.

2002년 75억 달러였던 경상수지 흑자가 참여정부 첫해인 2003년에는 정확히 2배로 늘었고, 이듬해인 2004년에는 또 그 2배인 323억 달러가 되었다. 이후에도 경상수지는 해마다 큰 폭의 흑자를 지속했다. 그런데도 강만수 장관은 경상수지가 악화되었다며, 원화가 고평가되었다는 주장을 펼치고 있다.

혹시 2005년 이후 경상수지가 계속 큰 폭의 흑자를 지속했는데, 2003년보다 흑자가 감소했으니 환율이 상승했어야 한다는 주장일지 모르겠다. 이 역시 경제 상식에 맞지 않는 주장일 뿐이다.

MB정부가 신봉해 마지않는 시장원리를 보자. 시장원리의 핵심은 가격이고, 가격은 수요와 공급에 의해 결정된다. 경상수지가 323억 달러 흑자에서 186억 달러 흑자로 흑자폭이 줄면 시장에서 가격은 어떻게 움직일까? 경상수지 흑자는 달러 공급이 수요를 초과한 금액이다. 달러의 공급 초과액이 감소하면 가격은 여전히 하락한다. 다만 하락의 기울기가 다소 완만해질 뿐이다. 이것이 시장원리다. 그런데 강만수 장관의 주장은 공급 초과가 줄면 가격이 상승해야 한다는 것이니, 경제의 기초 상식이 있는지 의구심이 생길 정도다.

또 다른 주장을 들고 나올지도 모르겠다. 가령 고환율정책으로 한국경제가 회복되었다든지 하는 주장들 말이다. 그에 대해서는 3장에서 조목조목 따져보도록 하겠다.

분명한 사실은 MB정부에서 환율을 끌어올린 당사자들이 내세우는 고환율정책의 논리와 명분은 경제적으로 아무런 근거가 없다는 점이다. 경제적으로 타당성이 전혀 없는 고환율정책을 MB정부는 정치적으로 무리하게 집행했던 것이다. 수많은 우량 기업들은 잘못된 정책 때문에 흑자도산의 고통을 당해야 했던 것이고.

07

국제투기자금,
거대한 투기판을 벌이다

"투기꾼들에게 '눈먼 돈'은 천사와 같은 존재다."

영화 〈타짜〉의 주인공이 극 중에서 읊조렸음직한 이 말은 미국 서브프라임 사태의 원인을 분석한 경제 서적에 나오는 문장이다. 이 말이 가슴에 와 닿는 것은 지난 3년간 한국 외환시장을 돌아볼 때 많은 것을 시사해주기 때문이다.

투기꾼들이 천사라고 여길 정도의 '눈먼 돈'이란 어떤 돈을 말할까? 금융 용어로 표현한다면 '저위험 고수익'이 가장 적절할 것이다. 투자에서 고수익을 얻기 위해서는 반드시 높은 위험을 감수해야 한다. 위험을 지기 싫으면 낮은 수익에 만족해야 한다. 그런데 위험은 낮은데 고수익의 기회가 있다면 투기꾼들에게는 천사보다 더 매혹적일 것이다. 투기꾼들이 벌떼처럼 몰려올 게 틀림없다.

2008년 MB정부의 고환율정책에 편승한 국제투기자금의 투기가 대대적인 성공을 거두고, 그들이 엄청난 차익을 챙겨 떠난 뒤에도 원화 환율은 여전히 고공행진을 거듭했다. 그러자 또 한 번의 투기장이 한국의 외환시장에서 벌어졌다. 이번 투기장의 규모는 이전과 비교할 수 없을 정도로 거대했다.

2008년은 금융위기의 여파로 모든 금융기관들이 자금 부족에 허덕이던 시기였다. 당연히 투기 규모도 한계가 있을 수밖에 없었다. 그러나 금융위기에서 벗어나기 위해 2009년 초부터 미국연방은행(FRB)을 비롯한 각국의 중앙은행들이 밤낮없이 윤전기를 돌려 돈을 찍어내자 금융기관들에는 돈이 넘쳐나기 시작했다.

하지만 실물경제는 여전히 침체의 늪에서 헤어나지 못했으므로 돈은 실물경제로 흘러가지 않았다. 대신 그 돈들이 전 세계 금융시장과 상품시장을 휘젓기 시작했다. 전 세계적인 머니게임이 벌어진 것이다.

인위적으로 고환율을 유지하던 한국 외환시장이 그들의 눈에 띄지 않을 리가 없었다. 2009년 들어 국제투기자금이 한국 금융시장에 벌떼처럼 몰려온 것은 전혀 놀랄 일이 아니었다. 주식과 채권투자에서의 고수익은 물론 상당 폭의 환차익까지 덤으로 얻을 수 있었으니, '위험은 낮은데 수익은 높은 투자 기회' 즉 '눈먼 돈'과 다름없었다.

국제투기자금이 어느 정도 밀려들었는지 보기 위해 '밀려오는 달러 금융 교란 우려'라는 제목의 2009년 11월 20일자 〈한겨레신문〉 기사를 살펴보자.

> 19일 한국은행과 금융감독원의 자료를 보면, 올해 들어 지난 18일까지 외국인들은 국내 채권시장에서 모두 47조 6000억 원어치를 순매수했다.

외국인들은 국내 유가증권시장에서도 올해 들어 18일까지 모두 29조 1000억 원어치를 순매수했다. 지금까지 외국인의 유가증권시장 연간 순매수 최고치가 2003년 13조 8000억 원이었던 것에 견줘 폭발적인 증가세다.

(중략)

송홍선 자본시장연구원은 "**올해 들어온 외국인 투자자금의 상당 부분이 미국의 저금리에 따른 '달러 캐리 트레이드' 자금일 것으로 추정된다**"며 "공격적으로 들어온 만큼 공격적으로 철수할 가능성도 있어 대책 마련이 필요하다"고 말했다.

이정범 한국투자증권 연구원은 "지난달 외국인들이 일반적으로 잘 사지 않았던 국고채 3년물을 2조 5000억 원어치 매수한 적이 있다"며 "**이는 금리차익보다는 환차익을 노린 달러 캐리 자금으로 보인다**"고 말했다. 그는 "**원-달러 환율이 계속 하락할 것이라는 전망이 우세하기 때문에 이런 달러 캐리성 채권투자가 계속 늘어날 것으로 보인다**"고 말했다. 서철수 대우증권 연구원도 "최근 채권시장에서 외국인들의 매수매도가 환율에 연동되는 경우가 늘고 있다"고 말했다.

일반적으로 주식시장 유입 자금은 달러 캐리 성격이 더 강한 것으로 추정된다. 김학균 에스케이증권 연구원은 "올해 우리나라뿐 아니라 **아시아 대부분의 주식시장에 달러 캐리 자금이 들어가고 있다**"며 "올해 국내 주가 상승은 전적으로 외국인에 의존한 것이었기 때문에 만약 외국인이 자금을 본격적으로 빼면 주식시장 충격은 상당할 것"이라고 전망했다.

이 기사에서 가장 관심을 끄는 것은 국내 채권과 주식시장으로 유입된 자금의 규모보다 그 자금의 성격이다. 유입된 자금이 주로 '달러 캐리 트레이드' 자금이었다. 그리고 그들이 노리는 것은 환율 하락에 따른 환차익이었다.

달러 캐리 트레이드란 달러로 돈을 빌려 다른 국가에 투자하는 자금이다. 대출을 받아서 투자하는 것이니, 투기자금 중에서도 투기성이 가장 강한 돈들이다. 차입한 돈으로 투기하는 것은 상당한 자신감이 있지 않고서는 어려운 일이다. 그 정도로 원화 환율이 저평가되어 있었다고 투기 세력이 판단했던 것이다.

중요한 점은 만약 그들이 큰 이익을 챙겨서 한국을 떠난다면 반드시 손해를 보는 쪽이 생길 것이라는 점이다. 손해를 보는 쪽은 누구일까?

2009년 외국 자금이 둘밀듯이 들어올 때 그 달러를 사준 것은 우리 정부였다. 명분도 그럴듯하다. 들어오는 자금이 '핫머니'이므로 언제라도 다시 빠져나갈 수 있다. 그러니 그때를 대비하여 외환보유고를 비축해두어야 한다는 것이다. 핫머니가 국내 투자를 위해 달러를 팔 때 그 달러를 우리 정부가 사두었다가 핫머니가 떠날 때 그들에게 다시 달러를 팔려는 생각이다.

정부의 이런 의도가 어떤 결과를 초래하는지 보자. 핫머니가 달러를 판 가격이 2009년 평균 환율인 1276원이었고, 그 후 핫머니가 달러를 다시 살 때의 환율이 1100원이라고 가정하자. 그러면 핫머니는 환율에서만 1달러당 176원의 차익을 챙긴다. 2009년 유입된 외국 자금 중 300억 달러가 달러 캐리 트레이드 자금이었다면 5조 원의 이익을 챙겨가는 것이다. 물론 그 금액은 고스란히 국가의 금고에서 축나게 될 것이고. 대단히 멍청한 짓을 우리 정부가 한 것이다.

그러면 어떻게 대처해야 현명한 행동이 되는가?

아주 쉽다. 시장원리에 맡기는 것이다. 시장원리란 바로 수요공급의 법칙이다. 이 법칙에 의해 환율이 결정되도록 정부에서 개입하지 않는 것이 가장 훌륭한 정책이다. 정부의 개입이 없었다면 원화 가치는 훨씬 더 올랐을 것이다. 그리고 핫머니들은 훨씬 더 비싼 가격으로 원화를 사야 했을 것이다. 원화 가격이 올라 위험 부담 없이는 환차익을 얻을 수 없다고 판단되면 핫머니는 한국이 아닌 다른 곳에서 먹잇감을 찾았을 것이다. MB정부가 신봉해 마지않는 시장원리가 가장 훌륭한 핫머니 퇴치법이었는데, 정작 중요한 순간에 시장원리를 저버린 내막이 정말 궁금해진다.

"외국인 투자자들 중에는 환투기 목적으로 들어온 투기꾼들도 있지만 우리 경제의 성장잠재력을 보고 들어온 투자자들도 많다"는 반론이 즉각 제기될 것이다. 절대적으로 공감한다. 특히 주식투자자들 중에는 환율 수준에 상관없이 경제의 펀더멘털에 투자하는 투자자들이 많을 것이다. 투기꾼들이 환율 플레이어라면 그들은 펀더멘털 플레이어들인 것이다. 흔히들 말하길 단기차익을 노리는 투기꾼과 구분하여 장기투자자라고 불리는 그룹이다. 그리고 성장잠재력에 배팅하는 그들이 우리 경제에 실질적인 도움이 된다는 말도 뒤따른다.

사실은 그 장기투자자들이야말로 환율 폭등의 진정한 수혜자다. 갑자기 무슨 궤변을 늘어놓느냐는 눈빛을 하는 사람들을 위해 설명을 덧붙이겠다. 장기투자자는 경제의 성장잠재력이 높다고 판단하면 환율 수준에 상관하지 않고 투자를 실행한다. 다시 말해 환율이 947원이든 1276원이든 그들의 투자 결정은 변하지 않는다는 것이다.

그런데 환율이 35%나 폭등했으니 그들에게는 더할 나위 없는 행운이었다. 947원의 환율이었어도 국내 주식에 투자했을 텐데, 정부의 고환율정책으로 환율이 1276원으로 올랐으니 엄청난 행운을 잡은 것이다. 똑같은 금액의 달러를 가지고도 35%나 더 많은 국내 주식을 살 수 있었으니, 그들은 투자를 시작하는 시점에서 이미 35%의 이익을 확정한 셈이었다.

핫머니든 장기투자자든 그들에게 일방적으로 이익이 되고 우리는 일방적으로 손실을 입는 정책을 우리 정부가 왜 고집했을까? 고환율정책에 대한 집착이 지나치게 강했던 것이 첫 번째 이유일 것이다. 국민들에게 엄청난 손실을 입히면서까지 굽히지 않았던 고환율에 대한 고집을 핫머니의 부작용을 우려하여 접을 가능성은 애당초 낮았던 것이다.

또 다른 이유는 MB정부가 일관되게 유지해온 자산 버블 정책과 관련이 있을 것이다. MB정부는 글로벌 금융위기가 몰아치자 '유동성'을 무제한으로 공급함으로써 자산 가격의 하락을 막기 위해 전력을 다했다. 그로 인한 부작용은 아예 생각조차 하지 않을 정도였다. 핫머니 역시 국내 유동성을 증가시키는 요인이므로 MB정부로서는 반가운 손님이라 생각했을 것이다. 그랬기에 이머징 국가들 대부분이 핫머니의 유입을 막기 위해 다양한 방책을 시행했는데, MB정부는 고환율을 유지함으로써 핫머니의 유입을 촉진했던 것이다. 이에 대해서는 4장에서 더 자세히 이야기하도록 하겠다.

결론을 말하면 이렇다.

국제투기자금, 별칭 핫머니는 백해무익한 돈들이다. 그러므로 어느 나라나 핫머니의 유입을 막을 수 있으면 막으려고 한다. 그런데 MB정부는 외환시장에 개입하여 인위적으로 고환율을 유지하여 핫머니의 유입을 부추겼다. 글로벌 금융위기로 입은 엄청난 손실을 만회할 기회를 노리던 국제투기자금들에 투기판을 만들어준 것이 아니고 무엇이겠는가?

제3장

고환율의 음모(I)
환율경제학의 거짓말들

"환율이 상승하면 경기가 좋아지고 환율이 하락하면 경기가 나빠진다"라고 공영방송에서 공공연히 고환율정책을 찬양하던 대학교수는 진심으로 그렇다고 믿고 있었을까? 아주 간단한 경제 이론만으로도 그것이 거짓말임을 쉽게 간파해낼 수 있는데······.

"환율이 폭등하면 소수 수출 대기업들 경기만 무지무지 좋아지고 국민들과 자영업자의 경기는 심각하게 침체됩니다"라는 진실의 목소리는 왜 최근까지도 듣기 어려웠을까?

그 교수뿐이 아니다. 많은 경제학자들과 교수들이 언론에 나와 환율 상승이 경기 회복에 도움이 된다는 논조의 발언을 하곤 했다. 하도 들어서 귀에 익숙해진 그런 말들이 진실인지 거짓인지 밝혀보도록 하자. 그것을 밝히는 데는 어려운 경제 이론이나 수식이 필요하지 않다. 익히 알고 있는 기초 경제 이론이면 충분하다. 물론 복잡한 공식 대신에 건전한 상식이 필요함은 두말할 나위가 없다.

… **01**

환율 하락은
한국경제에 **적신호**다?

원화 가치가 두 달 새 16% 올랐고, 국제유가는 3개월 전보다 45% 뛰었다. 올해 상반기 우리 경제를 둘러쌌던 환율과 유가의 보호막이 걷힘에 따라 이제 우리 경제는 맨몸으로 세계적 불황과 맞서야 할 처지가 됐다.

(중략)

원화 가치와 유가 방향이 바뀌는 것은 **한국경제에 적신호다**. 상반기에 우리 경제의 방어막이었던 원화 가치와 유가가 이젠 **기업들을 옥죄고 있다**.

2009년 5월 15일자 어느 신문의 기사 내용이다. 두 달 전 1500원대였던 환율이 1250원으로 떨어지자 신문과 방송들이 큰일이라도 생긴 듯 호들갑을 떤다. 한여름 밭 개구리들의 합창마냥 귀가 시끄러울 정도로.

같은 시기에 환율 하락을 우려하던 신문기사의 제목 몇 개만 간추려본다.

- 환율, 1200원 분수령 … 증시에도 악재 (〈한국일보〉, 5월 12일)
- 윤 장관 "2분기 환율 하락 등 영향, 기업 채산성 악화될 것" (〈한국경제〉, 5월 13일)
- 원화값 급등 1달러 1200원대 … 기업 견딜 만한가 (〈매일경제〉, 5월 15일)
- 다시 오르는 원화 가치·유가 … 한국경제 보호막 걷히나 (〈중앙일보〉, 5월 15일)

환율이 천정부지로 치솟을 때는 서민들이 입는 엄청난 피해에 대해 입도 벙긋하지 않았던 각종 언론들이, 폭등했던 환율이 조금 주춤해지자 앞다투어 수출 기업들의 호주머니 걱정에 바쁘다.

환율 폭락이란 말은 사실 정확한 표현이 아니다. MB정부의 인위적인 고환율정책에 의해 비정상적으로 폭등했던 환율이 제자리 찾기를 시작한 것에 불과할 뿐이니까. 비정상의 정상화 과정을 '경제의 적신호'라고 과장하는 것은 볼썽사납다.

환율이 1250원이면 여전히 높은 수준인데도 한국경제에 적신호가 켜지고 금방 무슨 일이 일어날 것 같은 위기감을 조성하는 것은 국민들을 오도하는 잘못된 일이다. 그렇다면 MB정부 출범 당시 환율이 947원이었을 때는 한국경제가 위기보다 더 위험한 상황에라도 있었단 말인가?

대다수 언론들의 과장된 엄살과 경제를 걱정하는 듯한 목소리가 먹혀들었는지 환율은 하락세를 멈추었고 그 후 4개월간 같은 자리를 지켰다. 때론 침통한 목소리로 때론 다급한 표정으로 환율 하락이 위

그림 3-1 _ **원화 환율(2008. 1~2009. 9)**

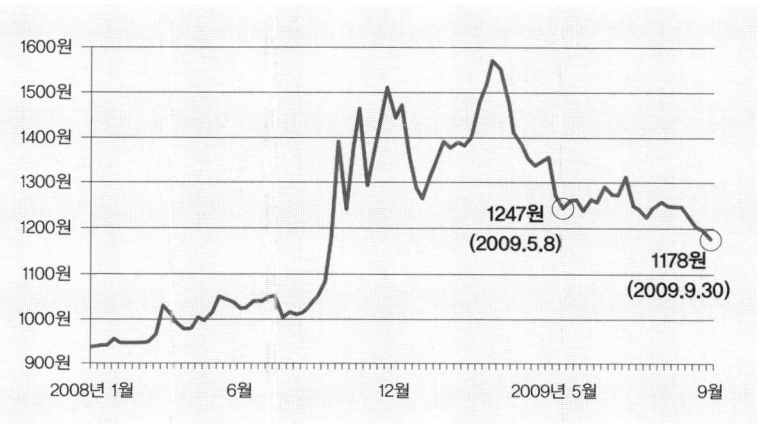

출처 : 한국은행

험하다고 외쳐대는 신문과 방송들의 목소리는 그 후에도 그치지 않았다. 환율이 1211원으로 하락한 2009년 9월 16일 국내 언론들은 일제히 비명을 질러댔다.

'환율 엔진 꺼져간다'(한국일보), '달러 약세, 환율 내리막 제동장치 없나'(이데일리), '연말 환율 1150원대 … 수출 빨간불'(매일경제), '환율 연말 1180원 아래로 … 엔화 향방이 수출 좌우'(한국경제) 등등. 신문과 방송의 줄기찬 보도 공세로 대다수 국민들의 무의식 속에도 환율 하락이 우리 경제에 해가 된다는 그릇된 생각이 자리 잡게 되었을 것이다.

환율이 하락하여 한국경제에 적신호가 켜졌는가? 환율 하락이 기업들을 옥죌 정도로 과다한가?

이 질문을 뒤집어 보면 '환율이 상승하면 할수록 한국경제에 약이 된다'는 이야기다. 과연 그럴까? 국내 언론과 정부, 거기에 더해 국내 연구기관들까지 합세하여 이구동성으로 주창하는 '환율 효과'에 대한 검증 작업을 시작해보자.

먼저 "환율이 1200원대로 하락하여 기업들이 견디기 어렵다"는 주장부터 살펴보자.

환율이 하락하면 수출 기업의 이익이 감소하는 것은 이론의 여지가 없는 상식이다. 환율이 1500원에서 1250원까지 하락하면 수출 기업들의 이익은 크게 감소할 것이다. 이익 감소폭이 어느 정도인지를 2009년 5월 15일자 〈매일경제〉의 기사가 소상히 밝히고 있다. '원화값 급등 1달러 1200원대 … 기업 견딜 만한가'라는 기사 내용에서 인용한다.

원화 환율이 1300원에서 1200원으로 떨어지면 삼성전자 매출액은 5% 줄어들 것으로 예상됐다. 매출 감소보다 더 큰 문제는 수익성 지표 악화였다. 영업이익과 당기순이익은 각각 41%와 28% 축소될 것으로 전망됐다.

출처 : 〈매일경제〉, 2009년 5월 15일

환율 하락이 삼성전자의 이익에 미치는 영향이 생각보다 엄청나다. 1300원에서 1200원으로 100원 하락하는데 영업이익이 41%나 준다니 놀랍다. 환율이 1500원에서 1250원으로 250원이나 하락했으니 그것만으로도 삼성전자는 심대한 타격을 받았을 것이 틀림없다. 그러니 한국경제를 대표하는 삼성전자 같은 기업을 살리기 위해 무슨 수를 써서라도 환율 하락을 막아야 하는 걸까?

조금만 생각을 해보면 염치없는 주장이라는 것을 알아차릴 수 있다. 환율이 250원이나 하락했다고 비명을 지르지만 아직도 대단히 높은 수준이다. 불과 1년 3개월 전 MB정부가 출범하던 때만 해도 환율이 947원이었으니 무려 300원이나 올라 있다.

〈매일경제〉의 계산법에 의해 계산을 해보면 이렇다. 환율이 100원 변동하면 삼성전자의 영업이익이 41% 변동한다. MB정부 출범 후 환율이 300원 올랐다. 그러면 삼성전자는 환율이 1250원에서도 MB정부 이전과 비교하여 영업이익이 123%나 증가하는 엄청난 혜택을 누리고 있다.

고환율정책을 주도했던 강만수 장관이 전경련의 재벌들 앞에서 했던 "환율 효과가 없었다면 삼성전자와 현대차가 사상 최대 이익이 아니라 사상 최대의 적자가 됐을 것이다"는 말이 한 치의 과장도 없는 사실이었던 것이다.

그런데도 "우리는 아직도 배가 고프다"는 말이 나올까?

더 중요한 사실은 삼성전자든 다른 수출 대기업이든 환율 상승으로 누리는 이익이 모두 국민들의 주머니에서 나오고 있다는 것이다. 환율이 비정상적인 수준에서 이제 막 제자리를 찾기 시작하는데, 그래서 국민들의 주머니에서 빠져나가던 돈이 조금이나마 줄어들 상황인데, 기업들이 견디기 어려우니 환율 하락을 막아야 된다고 하는 것은 뻔뻔함의 극치가 아니고 무엇이겠는가.

신문과 방송의 보도 내용을 조금만 관심 있게 보면 중요한 사실 하나를 발견할 수 있다. 이 글의 맨 앞에서 인용한 기사에서 그 사실을 찾아보자.

그 기사의 논지는 환율이 하락하여 "우리 경제가 불황에 처하고" "한국경제에 적신호가 켜지고" 또 "기업을 옥죄고 있다"는 것이다. 다시 말해 '기업 이익 감소'가 곧 '한국경제의 불황'이라고 말하고 있다. 비단 이 신문뿐이 아니다. 거의 모든 신문과 방송이 '기업의 경기=한국경제 상황'이라는 취지의 보도를 내보내고 있다.

그러므로 깊은 생각 없이 신문기사를 읽거나 방송 뉴스를 듣는 사람이라면 부지불식간에 그 논리를 자기 생각으로 받아들이게 마련이다. 그러나 어느 한 부문에 이익을 주면서 다른 부문에 손해를 미치지 않는 정책이란 있을 수 없다. 경제학의 오랜 격언인 "경제에 공짜 점심은 없다"란 말을 상기할 필요도 없이 세상의 이치가 그렇다.

물론 기업 이익이 증가하면 경제 전체에는 플러스로 작용한다. 단, 다른 여건이 동일할 경우에만 그렇다. 다른 여건이 동일하다면, 기업 이익 증가가 경제에 플러스가 되는 것이다.

환율 상승의 경제 효과는 어떤가? 수출 기업의 이익은 분명히 증가한다. 수출 기업의 이익이 증가하는 이유는 달러를 비싸게 팔 수 있기 때문이다. 동전의 양면처럼 달러를 비싸게 사야 하는 가계 부문은 손실을 입는다. 쉽게 말해 가계소득을 기업 이익으로 이전시키는 소득 재분배가 환율 효과인 것이다. 그러므로 환율 효과에 대한 질문은 이렇게 바꿔야 올바른 질문이 된다.

"가계의 소득을 기업의 이익으로 이전하는 것이 경제 전체에 플러스인가 아니면 마이너스인가?"

02

기업 이익이 증가하면
경제가 살아난다?

"기업의 이익이 증가하면 경제에 왜 좋은가?"

쉬운 질문이다. "일자리가 늘어나니까"라는 대답이 가장 먼저 나올 것이다. 뒤이어 "기업의 투자가 증가하여 경제에 긍정적인 파급 효과를 미친다"는 다소 어려운 대답도 뒤따를 것이다. 기업이 투자를 늘리면 다른 기업의 매출 증대로 이어지고 또 그 기업에서도 일자리가 늘어나는 경제적 파급 효과를 뜻하는 말이다.

MB정부 들어 환율이 폭등했고 수출 대기업들의 이익이 엄청나게 증가했다. 그러니 '그 기업들이 일자리를 아주 많이 늘렸을 것이고, 또 투자를 크게 증대했을 것이다'라는 생각이 자연스레 뒤따른다.

과연 그랬을까? 그래서 환율 폭등이 우리 경제에 긍정적 효과를 가져다준 것일까?

환율 상승과 일자리 증가의 상관관계에 대해 이야기할 때 절대 빼놓을 수 없는 것이 있다. 우량 수출 중소기업들을 흑자도산으로 몰고 간 키코 사태다. 환율이 폭등하자 키코 계약을 체결한 우량 중소기업들이 줄줄이 경영위기를 맞았다. 그리고 생존을 위해 직원수를 줄였음은 불문가지(不問可知)다. 새로운 투자는 엄두도 못 낼 일이었을 테고.

우리가 쉽게 이야기하는 말, "일자리를 만드는 곳은 대기업이 아니라 중소기업이다"는 이 말을 진심으로 믿는다면, 환율 폭등으로 경영난에 몰린 우량 중소기업들이 줄여야만 했던 일자리가 얼마나 되는지를 꼭 따져보아야 한다. 그에 대해 정확한 데이터를 구할 수 없다 하더라도 어림짐작이라도 해보는 것이 마땅하다.

금융당국의 자료에 나오는 피해 기업수만 해도 480개 사였다. 그 기업들이 많든 적든 직원들을 내보냈을 것이다. 앞에서 기막힌 사연을 쏟아놓았던 송 사장의 회사는 직원 150명이 모두 일자리를 떠나야 했다. 그가 키코 계약과 환율 폭등으로 입은 손실 금액은 200억 원이었다. 그리고 키코 피해 기업들이 환율 폭등으로 입은 손실 총액은 적게는 수조 원 많게는 10조 원이 넘는다.

송 사장의 경우처럼 사업을 완전히 접어야 하는 극단적인 상황까지 가지 않은 기업이라도 직원의 상당수를 줄여야 했을 것이다. 더욱이 480개 기업들이 대부분 송 사장의 회사보다 규모가 큰 기업들이었다. 종업원 수가 1000명을 웃도는 기업들도 상당수다. 기업당 평균 100명의 직원을 줄여야 했다면 4만 8000명이 일자리를 떠나야 했고, 50명이라고 해도 2만 4000개의 일자리가 줄었다.

만약 환율 폭등으로 엄청난 이익을 본 수출 대기업들이 이만큼의 일자리도 새로 만들지 못했다면, 환율 폭등의 경제 효과를 이야기하는 것은 낯간지러운 일이 될 것이다. 과연 환율 폭등으로 떼돈을 번 수출 대기업들이 몇 개나 되는 일자리를 창출했을까?

이에 대한 조사와 분석을 시작하기에 앞서 한 가지 짚고 넘어갈 것이 있다. MB정부 초기에 재벌그룹들이 고용 창출을 약속한 적이 있다는 사실이다. MB정부는 출범하자마자 '비즈니스 프렌들리'라는 이름으로 대기업들에 선물 보따리를 풀어놓았고, 이에 호응하여 기업들은 일자리 창출을 약조하는 이벤트를 연출하였다. 2008년 4월 28일 있었던 '경제 살리기 민관합동회의'가 그것이었다. 그 내용을 보도한 기사를 보자.

> 28일 이명박 대통령 주재로 청와대에서 열린 '투자 활성화와 일자리 창출을 위한 민관합동회의'에서 올해 30대 그룹은 지난해에 비해 투자를 26.6% 확대하고 신규 채용 규모도 18.3% 늘리겠다고 밝혔다.
>
> 출처 : 〈연합뉴스〉, 2008년 4월 28일

3대 재벌이 약속한 고용 창출과 투자 규모만 보아도 상당한 규모였다. 삼성그룹은 2003년 한 해 동안 27조 8000억 원 투자와 2만 5000개의 일자리 창출을 약속했고, 현대그룹과 LG그룹은 각각 11조 원과 4300여 명, 11조 2000억 원과 3000여 명을 약속했다.

이 약속이 얼마나 지켜졌을까? 물론 이 숫자는 2008년 한 해 동안의 약속이고, 또 환율 폭등으로 이익이 엄청나게 증가하기 전에 제시된 것이다. 환율 폭등으로 수십조 원이 넘는 추가 이익이 생겼으므로 다음 해인 2009년에는 이보다 몇 배 더 많은 일자리를 만들었어야 마

표 3-1 _ **3대 기업의 고용 창출 규모** (단위 : 명)

구분	2008년	2009년	합계
삼성전자	-259	623	364
LG전자	-1087	1145	58
현대·기아자동차	134	-140	-6
합 계	-1212	1628	416

출처 : 한국거래소

땅할 것이다.

편의상 최대 수출 기업인 삼성전자, LG전자와 현대·기아자동차의 고용 창출만 살펴보도록 하겠다. 이들의 수출액이 우리나라 전체 수출액의 약 30%를 점하기 때문이다.

이 기업들의 고용 창출에 대한 확인은 한국거래소(www.krx.co.kr)에 공시한 사업보고서를 이용하였다. 기업들이 매년 말 투자자들에게 공시하는 사업보고서에는 유용한 데이터들이 많이 포함되어 있는데, 그중 직원수를 비교해보면 고용 창출 정도를 확인할 수 있다.

엄청난 이익을 챙긴 수출 대기업들 중 가장 규모가 큰 세 기업이 새로 만든 일자리는 고작 416개였다. 2008년에는 1212개의 일자리를 줄였다. MB정부가 출범하자마자 대기업들에 쏟아부은 온갖 혜택에 대한 보답이 이거였다. 불과 몇 달 전에 '경제 살리기 민관합동회의'라는 거창한 행사를 통해 3만 2300개의 일자리를 늘리겠다던 약속이 국민의 눈을 속이려는 이벤트에 불과했음을 뚜렷이 보여준다.

더 눈여겨보아야 할 것은 환율 폭등으로 이익이 본격적으로 증가한 2009년이다. 그해 세 기업이 늘린 일자리는 고작 1628개였다. 정부의 인위적인 환율 폭등이 없었다면, 그래서 환율 폭등으로 죽어간 우량 중소기업들이 눈물을 머금고 일자리를 줄여야 하지 않았더라면, 이보다 훨씬 더 많은 일자리가 늘었을 것이고, 경제도 더 빨리 회복되었을 것이다.

기업들의 고용 창출에 관한 신문기사를 하나만 더 보자.

> 매출액 기준 30대 기업의 2009년 사업보고서를 토대로 2007~2009년 직원 수를 비교해 분석했더니, 전체 직원 수는 지난해 말 현재 모두 42만 3164명으로 2008년 말보다 2696명 늘어나는 데 그쳤다.
>
> 출처 : 〈한겨레신문〉, 2010년 4월 2일

이것이 바로 정부의 인위적인 고환율정책의 실상이다. 정부가 대기업들에 떼돈을 몰아주고 일자리를 늘리라고 아무리 호소해봐야 고작 2696개밖에 늘리지 않았다. 왜 그런 일이 벌어지는지는 잠시 후에 살펴보겠다.

환율 폭등이 우리 경제를 살린다고 주장하는 이들이 내세우는 근거가 하나 더 있었다. 바로 투자 증대다. 수출 대기업이 환율 폭등으로 엄청난 이익을 챙겼으므로 투자하려는 의지만 있다면 그 재원은 무궁무진했다. 그런데 투자 의지가 어느 정도였을까?

그 데이터를 일일이 찾아야 하는 수고를 덜어주는 신문기사가 있어 소개한다.

> 23일 금융감독원 전자공시시스템 자료를 보면, 삼성전자와 포스코 등

시가총액 상위 10곳의 상반기 투자규모는 모두 13조 8179억 원으로 집계됐다. 지난해 상반기 15조 2036억 원보다 1조 3856억 원(9.1%) 줄어든 수치다.

출처 : 〈한겨레신문〉, 2009년 8월 24일

대기업들이 2009년 상반기 투자한 약 14조 원 중 상당액은 해외에 투자되었다. 2장에서 알아본 바에 따르면 MB정부 3년간 국내 기업들은 671억 달러, 즉 80조 원에 달하는 천문학적인 금액을 해외에서 공장을 짓고 기계설비를 구입하는 데 사용했다. 국민소득의 감소를 대가로 벌어들인 천문학적인 이익을 수출 대기업들은 대부분 해외에 투자했던 것이다.

가계소득 감소로 내수경기는 심각하게 침체되는데, 수출 대기업들은 다른 나라에서 일자리를 창출하고 그 나라의 경제를 살리는 웃지 못할 일이 고환율정책으로 인해 벌어진 것이다.

수출 대기업들의 이익이 엄청나게 증가했는데도 투자를 줄인 또 다른 증거는 수출 대기업들의 현금 보유액 증가다. 그들은 환율 폭등으로 눈덩이처럼 불어난 이익을 투자하지 않고 현금으로 움켜쥐고 있었다. 한국거래소가 발표한 자료에 의하면 10대 그룹의 현금성 자산이 2009년 말 현재 52조 원으로 전년 말보다 8조 3000억 원이 증가했다.

범위를 10대 그룹에서 기업 전체로 확대해보자. 한국은행의 자료에 의하면 2009년 말 기업들이 예금은행에 맡겨놓은 예금액은 215조 원이 넘었다. 2008년 말보다 무려 38조 원이나 늘었다. 증가액이 사상 최대였다.

그림 3-2 _ **기업의 예금은행저축 증가액** (단위 : 조 원)

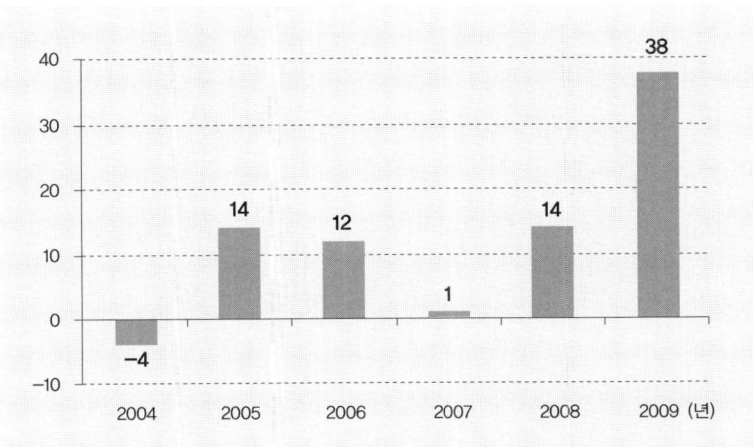

출처 : 한국은행

수출 대기업만의 수치는 나와 있지 않지만, 예금 증가의 대부분이 수출 대기업의 돈일 거라는 점은 쉽게 짐작할 수 있다. 수출 대기업 말고는 그 정도로 이익이 증가한 곳이 없을 테니까.

지금까지 조사하고 분석한 결과를 정리해보자.

고환율정책의 명분으로 내세우는 '일자리 창출'과 '투자 증대'는 허울 좋은 말뿐이었고, 실제로 이루어진 것은 하나도 없다는 것이 밝혀졌다. 경제를 살린다는 명분으로 서민의 주머니에서 돈을 꺼내 수출 대기업들에 몰아주었는데, 그 기업들은 고용과 투자는 등한시한 채 해외투자를 늘리고 또 은행의 예금 잔액만 엄청나게 늘렸던 것이다.

그러니 "환율을 올려서 경제를 살려야 한다"거나 "환율이 하락하면 경기가 침체되고 서민들이 살기 어려워진다"고 말하는 이들에게 묻겠다. "도대체 어떤 근거로 그런 말들을 하느냐?" "그런 증거가 있다면 정말로 보고 싶다"고.

　수출 대기업들이 천문학적인 이익을 거두고도 투자와 고용을 늘리지 않는 진짜 이유는 무엇일까?
　상식 수준으로 답하면 이렇다. "지금 수출 대기업들이 투자를 하지 않고 고용을 늘리지 않는 것은 지극히 합리적인 의사결정이다."
　무슨 말인지 의아해하는 사람들에게 질문을 하겠다.
　"기업이 언제 설비투자를 하고 고용을 늘리는가? 이익이 많이 나서 자금이 풍부할 때인가, 아니면 장사가 잘될 때인가?"
　답은 뻔하다. 이익이 아무리 많이 나고 여유자금이 넘쳐나더라도 물건이 팔리지 않는다면 설비투자를 하지 않는다.
　수출 기업들이 생산한 물건을 파는 곳은 해외시장이다. 그 시장이 전 세계적인 경기 침체로 수요가 줄어들고 있다. 설비는 충분한데 수요가 없어서 물건이 팔리지 않는다면 기업은 이익이 10배, 20배 증가해도 절대로 설비투자를 하지 않는다. 이것이 기업들의 합리적인 의사결정이다.
　설비투자를 하지 않으니 일자리가 늘지 않는 것은 당연하다. 2009년 수출 기업들이 천문학적인 이익을 내고도 일자리는 눈곱만큼밖에 늘리지 않은 것이 살아 있는 증거다.
　이런 상식 수준의 경제원리를 과연 MB정부는 몰랐을까? MB정부에서 고환율정책을 공격적으로 밀어붙인 장본인들의 대답이 진정 궁금해진다.
　2010년 세계경제가 회복되기 시작하자 수출 기업들은 투자를 늘리기 시작했는데, 국내 투자는 외면한 채 해외에 공장과 시설투자를 늘렸다. 다른 나라에서 수많은 일자리를 만들면서 정작 국내에서는 3대 재벌이 고작 1628개의 일자리를 만드는 데 그쳤다.

고환율정책으로 소득이 감소한 가계들은 소비를 줄였고, 내수 침체의 타격을 온몸으로 받은 자영업자들은 줄줄이 문을 닫았다. 2009년 26만 명이, 2010년에는 또 12만 명의 자영업자가 감소했다. 2년간 자영업자가 38만 명이나 감소했다. 사업자 외에 1명을 고용했다고 하더라도 2년 동안 76만 개의 일자리가 감소했다. 그 주범이 고환율이었음은 더 이상 긴 설명이 필요치 않다.

고환율로 떼돈을 번 수출 대기업들은 일자리를 늘리지 않고, 내수 침체로 장사가 안 되는 자영업은 줄줄이 문을 닫는 경제의 작동 원리를 무시하고, 서민의 돈을 수출 대기업들에 강제로 이전시킨 이면에 우리가 알지 못하는 숨겨놓은 이유가 있었던 것은 아닐까? 보수정권의 속성상 대다수 국민의 이익보다 소수 재벌의 이익을 더 중시했기 때문일까? 궁금증을 넘어 강한 의구심이 솟는다.

03

경제는 **성장해도** 서민들은 더 **가난하다, 왜?**

2010년 초 대통령이 방송에 나와 국민들에게 자랑스럽게 말한다.

"세계가 모두 위기 속에서 어려움을 겪을 때 한국은 OECD 국가들 중 실질적으로 가장 높은 경제성장률을 기록했다."

세계에서 가장 잘사는 34개 국가들(OECD) 중에서 한국이 경제성장률로 3등을 했으니, 그 수치만 놓고 보면 자랑하고 싶기도 했을 것이다. 그런데 정작 국민들의 반응은 썰렁하다. 대통령은 경제를 말하는데, 국민들은 정치인이 으레 늘어놓는 정치적 발언 정도로 치부해버린다. 경제성장을 전혀 실감할 수 없기 때문이다. 오히려 불경기 한파에 떨고 있는 서민들에게는 소외감만 더 키우는 '딴 나라' 이야기로밖에 들리지 않는다. 모든 사람이 나와 같은 힘든 처지에 있다는 공감대마저 사라지면 사람들의 고통은 배가되는 법이다.

통계 수치는 봄이 왔다고 말하는데 대다수 국민들은 아직도 한겨울 강추위에 떨고 있는 것은 왜일까? 간단한 경제 이론으로 우리 경제를 비춰보면 그 실상을 소상히 알 수 있다.

대통령이 한 말의 의미는 '2009년 한국의 GDP(경제)가 0.3% 성장했다'는 것이다. 그 말, 즉 'GDP 0.3% 성장'의 의미를 경제 이론으로 해석해보자.

고등학교 경제교과서는 GDP에 대해 이렇게 설명하고 있다.

> "GDP(Gross Domestic Product)란 국내총생산을 말한다. 어느 국가의 GDP는 그 나라에서 생산된 모든 생산물의 합계를 나타낸다. 그런데 생산된 결과물은 국민 누군가의 소득으로 돌아가기 때문에 GDP란 국민총소득과 일치한다. 다시 말해 **GDP란 국내총생산이면서 동시에 국민총소득이 된다.** 그러므로 **GDP가 성장한다는 것은 국민총소득이 증가하는 것이다.**"

2009년 우리나라의 GDP(경제) 성장률이 0.3%였으니 국민 전체의 소득의 합계액은 0.3% 증가한 것이다. 더욱이 한국은행이 2010년 3월 26일 발표한 '2009년 국민계정'을 보면 실질구매력을 나타내는 GNI(실질국민총소득)는 1.5%나 증가했다. 0.3%이든 1.5%이든 중요한 점은 국민들의 총소득이 감소하지는 않았다는 점이다.

2009년의 GDP 동향을 분기별로 세분하여 더 자세히 살펴보자. 〈그림 3-3〉에서 알 수 있듯 2008년 4분기는 GDP가 전 분기에 비해 4.6%나 감소했다. 3개월 만에 국민총소득이 4.6% 감소한 것이다. 자신의 소득이 3개월 전보다 4.6%가 줄었다면 어떨지를 생각하면

그림 3-3 _ **분기별 GDP 성장률**

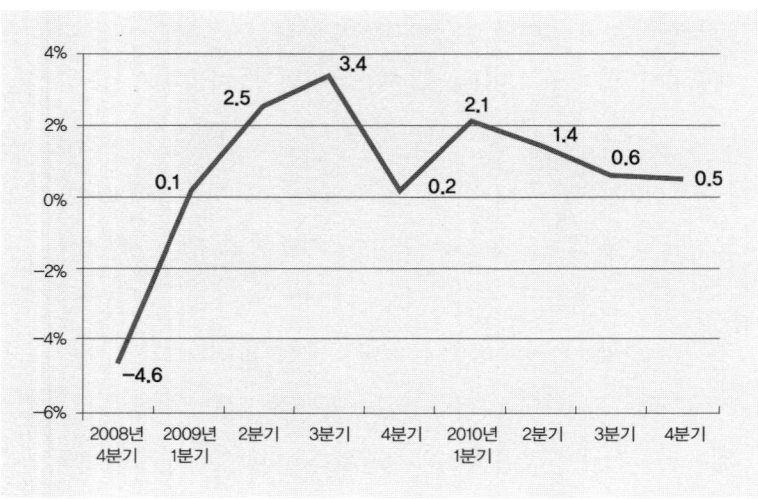

* 전분기 대비 성장률임.

실감이 날 것이다. 세계 경제위기의 찬바람이 한국에도 불어닥친 것이다.

2009년 1분기부터 GDP 성장률은 플러스로 돌아섰고, 동전의 양면처럼 국민총소득도 매 분기 증가했다. 2분기 2.5%와 3분기 3.4% 성장을 합하면 2008년 4분기의 마이너스 성장률을 넘어선다. 그러므로 세계 금융위기로 인해 2008년 4분기 큰 폭으로 감소했던 국민총소득이 2009년 3분기에는 감소하기 전 수준을 회복했다. 이것이 한국은행이 발표한 GDP 성장률을 경제학의 GDP이론으로 해석하여 얻은 결론이다.

2010년 GDP는 6.2%나 성장했다. 국민 전체의 실질소득이 무려 6.2%나 증가한 것이다. 경제가 상식대로 운용되었다면 국민들 모두 금융위기 이전보다 살림이 활짝 펴졌을 것이다.

그런데 국민들이 피부로 체감하는 경기는 전혀 딴판이다. 서민들 대다수는 아직도 2008년 4분기에 불어닥친 경제위기에서 한 발짝도 못 벗어나고 있다. 자신의 소득이 경제위기 이전의 수준을 회복했다고 생각하는 사람이 과연 얼마나 될까?

전국의 모든 가정을 일일이 다 조사할 수는 없는 일이므로 가장 효율적인 방법인 여론조사를 통해 알아보자. 1장에서 인용했던 2011년 3월의 〈매일경제신문〉 여론조사 결과에 의하면 "3년 전보다 가계경제가 나빠졌다"는 응답이 무려 93.4%에 달했다. 그들 중 67.1%는 "가계경제가 매우 나빠졌다"라고 응답했다.

여론조사가 경제 현실을 정확하게 반영하는 데 한계가 있다고 의심하는 사람들을 위해, MB정부 3년간 국민들의 실질소득이 어떻게 변했는지에 관한 데이터를 참고했다. 기획재정부의 통계에 따르면 경제활동인구의 69%를 차지하는 임금노동자의 명목임금은 MB정부 3년 6개월 동안 7.3% 미만 올랐다. 경제활동인구의 28%인 자영업자의 명목소득이 MB정부 이후 크게 감소했음은 수치를 보지 않아도 알 수 있다. 그런데 MB물가지수는 3년 6개월 동안 22.6%나 치솟았으니, MB정부 3년 6개월 동안 97% 국민의 실질소득이 15.3% 이상 감소한 것이다.

정부가 발표한 GDP 성장률을 경제 이론으로 해석하면, 국민 전체의 소득이 2009년 경제위기 이전 수준으로 회복되었고 2010년에는 또 크게 증가했는데, 왜 국민 대다수의 살림살이는 더 어려워졌을까? 자연스레 이런 의문이 떠오를 것이다. '국민 전체의 총소득은 증가했는데 대다수 국민들의 소득이 감소했다면, 우리 국민들 중 어느 누군

가의 소득은 엄청나게 증가했겠구나.'

그들이 누구일까? 그리고 왜 국민 대다수 몫의 국민소득이 그들의 수중으로 흘러들어 간 것일까? 그 돈들의 향방을 추적하기 위해서는 경제위기 이후 GDP 성장이 어떻게 이루어진 것인지를 알아야 한다. GDP 성장이란 곧 국민소득의 증가이므로 GDP 성장이 이루어진 과정을 추적해보면 국민소득이 어디로 흘러간 것인지도 알게 될 테니까.

경제에 관심이 있는 사람이라면 2009년과 2010년 이런 말을 여러 번 들었을 것이다.

"전무후무한 규모의 정부 재정 투입과 사상 초유의 금융 완화 정책에 힘입어 세계경제가 제2차 세계대전 이후 최악의 경제 침체에서 서서히 빠져나오고 있다."

세계경제가 위기에서 벗어날 수 있었던 원동력이 정부의 '재정정책'과 '저금리정책'이었다는 이야기다. 물론 우리나라도 예외는 아니었다. 2008년 4분기 GDP가 4.6%나 감소하자 정부는 무지막지한 규모의 재정적자를 내기 시작했다. 2008년 16조 원의 재정적자에 이어 2009년에는 무려 43조 원의 재정적자를 냈고, 2010년에도 또 13조 원으로 MB정부 3년간 총 72조 원의 재정적자를 냈다.

MB정부 3년간의 재정적자 72조 원 어디에 쓰였나

72조 원이라는 적자를 내어 마련한 돈은 모두 어디에 쓰였을까? 재정적자가 경제성장에 기여하는 경로는 두 가지다. 세금을 깎아주어 가계소비를 증가시키는 방법과 정부가 직접 지출을 늘리는 방법이다.

MB정부는 권력을 잡자마자 부자들과 대기업에 세금을 깎아주었다. 당연히 그들의 소득은 비 온 뒤 죽순 자라듯 쑥쑥 증가했다. 재정적자의 또 다른 쓰임새인 재정지출을 보자. 가장 먼저 떠오르는 것이 '4대강 사업'일 것이다. 정부 발표만으로도 22조 원이 넘는 돈이 강바닥을 파고 보를 쌓는 데 지출되었다. 또 대형 건설사들이 무리하게 사업을 벌였다가 분양이 안 되어 어려움에 처하자 정부가 10조 원이 넘는 돈을 쏟아부어 미분양 아파트를 사들였다. 부동산 경기가 좋을 때는 대형 건설사들이 떼돈을 벌고, 부동산 경기가 나빠지자 국민의 세금으로 손실을 떠안아준 꼴이었다.

미국의 금융위기 발생 과정과 정책 대응 과정을 지켜본 사람들이 쏟아낸 비판의 목소리는 "이익은 사유화하고 손실은 사회화한다"는 것이었다. 이런 말도 안 되는 정책을 위기 극복이라는 미명으로 MB정부가 버젓이 시행했던 것이다.

'세금 깎아주기'와 '재정지출' 어느 쪽을 보아도 대다수 국민들의 소득 증가와는 아무 관련이 없다. MB정부는 경제위기라는 핑계로 거리낌 없이 적자를 내어 돈을 물 쓰듯 했는데, 그 돈이 대다수 국민들의 소득으로 연결되지 않은 것이다. MB정부는 자신들이 빚내어 흥청망청 써댔던 72조 원의 재정적자를 갚지 않을 것이 분명하니, 그 빚을 갚아야 할 부담은 고스란히 다음 세대가 져야 한다.

경제위기가 닥치자마자 MB정부가 신속하게 추한 조치 가운데 또 하나는 사상 최저 금리에 의한 '돈 풀기'였다. 금리가 바닥에 오랫동안 머무르자 가계들이 너도나도 대출을 받아 아파트 등에 투자했다. 그 결과 미국 등 다른 국가들에서 집값이 폭락할 때도 한국만 소폭 하락에 머물렀다.

집값 폭락을 막기 위한 사상 최저 금리 정책의 대가는 물가 폭등이었다. 소득은 늘지 않는데 물가는 폭등했으니 가계의 살림살이는 더 어려워졌다. 부동산을 많이 소유한 자산가들을 제외한 일반 국민들에게는 실질소득 감소라는 악영향만 끼친 것이 저금리정책의 효과였다.

재정정책과 금융완화정책으로도 부족해 MB정부가 무리하게 추진한 정책이 하나 더 있었으니 바로 고환율정책이다. 그것이 대다수 국민들의 소득에 어떤 영향을 미쳤는지는 앞서 충분히 설명했으니 더 이상 자세한 설명이 필요하지 않을 것이다. MB정부 3년간 174조 원의 돈을 일반 국민들로부터 수출 대기업에 이전한 것이 그 정책의 핵심이었다.

결국 2008년 하반기의 경제위기 이후 GDP 성장률의 수치를 올려놓은 것은 세 개의 정부 정책이었다. 그러므로 정부가 그 정책들을 어떻게 시행했느냐에 따라 국민소득이 골고루 늘어날 수도, 소수에게 몰릴 수도 있었다.

재정정책과 저금리정책은 부자, 대기업 그리고 자산가들에게는 엄청난 혜택을 주었지만 국민 대다수의 소득에는 도움이 되지 않았다. 게다가 고환율정책으로 국민의 주머니를 털어 수출 대기업의 배를 불렸다. 그 결과 90%가 넘는 국민들이 2008년 말에 몰아친 경제위기의 한파에서 한 발짝도 못 벗어나고 있는 것이다.

04
고환율이 경제성장에 **기여한다?**

"세계적인 경기 침체 상황에서 한국경제가 살길은 수출밖에 없다. 수출이 잘되기 위해서는 환율이 올라야 한다." "환율이 하락하여 수출 기업들이 어려워지고 한국경제가 위태롭다."

눈만 뜨면 신문과 TV를 통해 귀가 따가울 정도로 들려오는 '고환율 찬양론'이다. 흥미로운 점은 "고환율로 수출이 증가해야 경제가 성장한다"는 주장만 되풀이할 뿐 구체적인 근거는 내놓지 않는다. 환율이 오르면 수출에 어느 정도 도움이 되겠지만, 부작용 또한 반드시 있을 터인데 거기에 대해서는 일언반구도 언급하지 않는다. 고환율이 한국경제에 진정 도움이 되려면 고환율로 인한 플러스 효과가 마이너스 효과를 상쇄하고도 남아야 할 것이다.

만약 고환율이 한국경제 성장에 밑거름이 되었다면 지금쯤 '고환율의 경제성장에 대한 기여도 분석' 같은 연구보고서들이 넘쳐나고 있을 것이다. 그러나 아무리 눈을 씻고 찾아도 보이지 않는다. 국책연구소는 물론 고환율정책의 최대 수혜자인 대기업 경제연구소들조차 환율 상승으로 한국경제가 얼마나 좋아졌는지에 대한 연구 결과를 내놓지 못하고 있다.

그런데도 국민 대다수의 머릿속에는 '고환율정책이 경제 회복에 도움이 된다'는 생각이 굳건히 자리 잡고 있다. 지난 수십 년간 끊임없이 반복됐고, MB정권에서도 집권 세력과 재벌과 보수언론들이 합심하여 주입시키고 있는 '고환율 찬양론' 덕분일 것이다. 1998년 엄습했던 외환위기에서 벗어나는 데 고환율로 인한 수출 증가가 큰 기여를 했다는 학습 효과도 한몫하고 있을 것이다.

이런 답답한 현실을 바로잡기 위해서는 국민들의 머릿속에 미신처럼 똬리를 틀고 있는 '고환율=경제성장'의 공식이 잘못된 것임을 입증해야 한다. 그것을 입증하는 일은 생각만큼 복잡하지 않다. 기초적인 경제 이론만으로도 충분하다.

그전에 분명히 밝히고 넘어갈 사실이 있다. 설사 고환율이 경제성장에는 도움이 되었더라도 서민들의 소득 감소, 자영업자들의 위기, 그리고 키코 중소기업들의 흑자도산 등 고환율이 초래한 온갖 부작용을 상쇄하기에는 어림없는 일일 것이다. 그러나 여기서는 그런 크나큰 고통과 부작용들은 제쳐두고 '고환율이 경제성장에라도 도움이 되었는지'를 따져보겠다는 점을 미리 밝혀둔다.

1장에서 환율이 상승하면 수출 기업은 이익이 증가하고 소비자인 가계는 소득이 감소한다고 밝혔다. 그리고 크게 보면 수출 기업의 이익 증가분과 가계의 소득 감소분은 일치한다는 사실도 밝혔다. 그러면 가계소득이 기업 이익으로 이전될 경우 경제성장에 미치는 효과는 플러스일까 아니면 마이너스일까?

먼저 경제성장이 구체적으로 무엇을 말하는지 그리고 그것이 어떻게 이루어지는지를 알아보자. 이를 위해 앞에서 인용했던 GDP에 관한 정의를 되새겨보도록 하자.

"GDP란 국내에서 생산된 최종생산물의 합계다."

경제성장이란 곧 GDP의 증가를 말한다. 그리고 생산의 주체는 주로 기업이다. 그러므로 기업이 생산을 늘리면 GDP가 증가하고, 경제는 성장할까? 이 질문은 아주 중요하다. MB정부와 보수언론의 고환율정책 찬양론의 배후에는 '기업 이익이 증가해야 기업이 투자를 늘리고, 그 결과 경제성장(=GDP 증가)이 이루어진다'는 논리가 깔려 있으니까.

GDP의 정의에 의하면 'GDP=총생산'이므로 '생산의 증가=GDP의 성장'이 된다. 그러므로 위 질문에 대해 "그렇다"라고 대답하면 맞는 것일까? 그 대답이 올바른지 알아보기 위해, 만약 기업들이 모두 합의하여 작년보다 생산을 10%씩 늘린다면 어떻게 될지를 생각해보자.

그해 GDP는 10% 성장할 것이다. 그러나 거기에는 심각한 문제가 따른다. 기업들이 생산한 제품이 팔리지 않아 재고가 넘쳐나고 큰 손실이 발생할 것이다. 그러므로 이듬해 기업들은 생산을 대폭 축소하지 않을 수 없게 된다. 올해 경제는 10% 성장하지만 내년에는 경제성장률이 급락하는 것이다.

중요한 사실은 기업들은 아무리 이익이 많이 나고 보유한 현금이 많아도 수요가 부족하면 생산을 늘리지 않는다는 점이다. 기업은 생산한 물건이 팔릴 것으로 판단할 때만 생산을 늘린다. 그러므로 경제성장을 실질적으로 좌우하는 것은 제품에 대한 수요다.

소비 능력이 경제성장을 결정한다

GDP에 관한 경제 이론을 좀 더 자세히 알아보자.

"GDP란 국내총생산을 말한다. 그런데 생산된 결과물은 국민 누군가의 소득으로 분배되기 때문에 GDP란 국민총소득과 일치한다. 또한 생산된 물건들은 경제주체 누군가가 구입하여 사용한다. 그러므로 **모든 경제주체의 지출을 합한 금액이 GDP와 같게 된다.** 생산, 분배 및 지출의 세 측면에서 산출한 GDP(국민소득)는 항상 같다는 이 법칙을 국민소득 삼면등가의 법칙이라 부른다."

생산, 분배 및 지출의 세 측면 중 경제성장률을 좌우하는 것은 지출국민소득이다. 지출국민소득이란 곧 생산물에 대한 수요를 의미하기 때문에 달리 '총수요'라고 부르기도 한다. 경제주체의 지출, 즉 총수요가 증가하면 기업은 즉시 생산을 늘린다. 반대로 총수요가 감소하면 기업은 생산을 줄인다. 그러므로 경제가 성장할지 아니면 침체될지를 결정하는 것은 기업의 생산 능력이 아니라 경제주체의 소비 능력이다.

지출국민소득을 간단하게 표현한 공식이 있다. 이 공식은 경제 분석이나 경제 전망을 할 때 가장 유용한 도구이므로 자세히 알아보도록 하자.

$$Y = C + I + G + (X-M)$$

GDP　　가계소비　　기업투자　　정부지출　　순수출

이 공식은 국가 경제를 구성하는 네 경제주체인 가계, 기업, 정부 및 해외 부문의 지출의 합계가 GDP와 같다는 것을 나타낸다. 즉 가계소비(C), 기업투자(I), 정부지출(G), 수출에서 수입을 뺀 순수출(X-M)의 합계가 항상 GDP(Y)와 같다는 이론을 공식으로 표현한 것이다.

경제성장이란 곧 GDP의 증가이므로 이 네 부문이 증가하면 경제는 성장한다. 가령 가계가 소비를 늘리거나 기업이 투자를 늘리면 경제가 성장한다. 마찬가지로 수출이 증가해도 경제는 성장한다. 그리고 네 경제주체의 지출증가액을 모두 더하면 GDP 성장이 된다.

경제성장이 무엇을 의미하는지와 경제성장이 어떻게 이루어지는지를 알았다. 그러면 이 글의 주제로 다시 돌아가보자. 환율이 상승하면 경제가 성장할까? 이 질문에 대답하기 위해서는 환율 상승이 가계소비, 기업투자, 정부지출, 순수출에 어떤 영향을 미치는지를 보면 된다.

환율이 상승하면 가계소비는 감소하고 수출은 증가한다는 것은 쉽게 알 수 있는 사실이므로 이 둘에 대해 먼저 알아보자.

우선 가계소비(C)에 미치는 영향을 보자. 경제 이론에 의하면 가계소비를 결정하는 가장 중요한 요소는 소득이다. 소득이 늘면 어느 집이나 소비를 늘리므로 쉽게 알 수 있는 사실이다. 1장에서 고환율정책의 효과는 가계소득을 수출 기업 이익으로 이전하는 것이라고 밝혔다. 그 금액이 2009년 63조 원, 2010년에는 54조 원에 이르렀다. 소득이 감소한 가계는 당연히 소비를 줄였을 것이다. 통계청에 따르면 가계는 평균 소득의 80% 정도를 지출한다. 그러므로 고환율정책이 없었다면, 그래서 2년간 117조 원의 가계소득이 감소하지 않았다면 약 94조 원만큼 가계소비가 증가했을 것이다.

고환율로 2년간 가계소비 약 94조 원 감소

고환율로 수출이 얼마나 증가했을까? 여러 연구기관의 분석보고서를 찾아보아도 환율 상승이 수출 증가에 얼마나 기여했는지를 말해주는 자료는 찾기 어렵다. 그 효과가 분명하지 않기 때문일 것이다. 그러나 간단한 경제 이론과 건전한 상식만 있으면 그 효과를 추정할 수 있다.

환율이 상승하면 원화로 환산한 수출 가격이 상승한다. 따라서 이전에는 이익이 나지 않았던 제품도 수출 가격이 상승하여 이익이 나게 되므로 수출을 하게 된다. 그러나 내수 판매만 하던 제품을 수출하거나 아예 새로 생산하여 수출하기 위해서는 상당한 시간이 소요되므로 이러한 효과는 크지 않을 것으로 추정된다.

환율 상승이 수출 증가에 상당한 기여를 하기 위해서는 기존 수출 제품의 수출이 증가해야 하고, 그러기 위해서는 수출 가격을 인하

그림 3-4 _ 2003~2010년간 수출 추이 (단위 : 십억 달러)

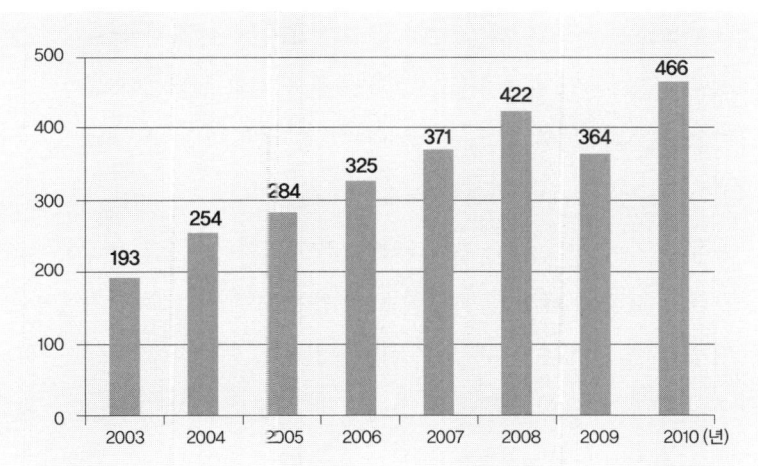

출처 : 한국은행

해야 한다. 예를 들어 1기가 반도체의 국제시장 가격이 80센트라고 할 때 삼성전자가 가격을 70센트로 내린다면 수출 물량은 크게 증가할 것이다. 그런데 삼성전자가 수출을 늘리기 위해서 가격을 인하했을까? 경제학 이론을 들먹이지 않더라도, 삼성전자는 어느 쪽이 이익이 더 나는지를 비교하여 의사결정을 했을 것임이 분명하다. 만약 가격을 인하할 경우 수출 금액은 증가하지만 이익이 줄어든다면 가격을 인하하지 않았을 것이다.

실제로 삼성전자 등 수출 기업들이 수출 단가를 인하하여 수출이 증가했는지, 그랬다면 얼마나 증가했는지를 알 수는 없다. 그 대신 〈그림 3-4〉를 통해 지난 3년간의 수출 증가를 확인하여 추정해보도록 하자.

2010년 수출액은 4664억 달러로 2008년에 비해 10.5% 증가했다.

2007년과 비교하면 3년간 25.5% 증가했으니 연평균 증가율은 8.5%였다. MB정부 이후 3년간 25.5%의 수출 증가가 전액 환율 상승 덕분에 발생한 것일까? 물론 그렇지 않다. 전 세계의 교역량이 해마다 증가하고 있으며, 특히 한국 시장이 빠르게 개방되었기에 환율 상승이 없었어도 수출은 계속 증가했을 것이기 때문이다.

실제로 MB정부 이전인 2003년에서 2007년까지 4년간 수출은 92% 증가하여 연평균 23% 증가했다. 더구나 2003년 말 1192원이었던 환율이 2007년 말에는 936원으로 4년간 환율이 지속적이고도 큰 폭으로 하락했다. 환율이 급락하는 중에도 수출이 매년 23%라는 큰 폭의 증가를 지속했던 사실로 판단해보면 환율이 수출에 미치는 영향이 그다지 크지 않음을 알 수 있다.

2009년 수출액 14% 감소가 의미하는 것은

흥미를 끄는 사실은 환율 상승이 정점에 이르렀던 2009년 수출이 2008년보다 14%나 급감했다는 점이다. 금융위기와 경제위기로 세계 경제가 급격히 위축되었기에 불가피한 현상이었다. 삼성전자의 주력 수출품의 시장 역시 위축되었다. 수출시장이 크게 위축되었는데도 삼성전자는 환율 급등의 혜택으로 위기 이전인 2006년과 2007년보다 훨씬 더 많은 이익을 누렸다.

이익은 급증하고 수출이 급감한 사실이 시사하는 점은 무엇일까? 삼성전자를 비롯한 수출 기업들이 환율 상승으로 이익률이 급증했는데, 수출단가를 낮추어 수출액을 늘리기보다는 국제시장가격에 수출함으로써 이익을 늘리는 데 주력했다는 사실을 말해주는 것은 아닐까?

2009년 전 세계 무역규모는 10.7% 감소했고, 신흥국가들의 수출은 7.7% 감소했다. 한국의 수출이 세계 무역 감소보다 더 크게 감소했던 사실이 그럴 가능성이 높음을 시사한다.

지금까지 몇 가지 사실들을 토대로 지난 3년간 환율 상승이 수출 증가에 얼마나 기여했는지를 추정해보았다. 물론 분석 결과가 아주 정확하다고 확신할 수는 없다. 다만 연구기관들의 분석보고서 부재, 지난 2년간의 수출증가율이 그 이전보다 상당히 낮다는 사실, 수출 증가보다 이익 증가를 선호하는 기업들의 속성 등을 종합하면 고환율이 수출 증가에 기여한 정도가 그리 크지 않을 것으로 추정할 수 있다.

고환율로 이익이 천문학적으로 증가한 기업들이 투자(I)를 늘렸을까? 앞에서도 밝혔듯이 기업은 생산품에 대한 수요가 증가할 때 설비투자를 늘린다. 이익이 아무리 증가해도 수요가 증가하지 않으면 설비투자를 늘리지 않는다.

기업의 생산품에 대한 수요는 내수와 수출의 두 가지다. 고환율은 한편으로는 가계소득 감소를 가져와 내수 침체를 초래했고, 다른 한편으로는 수출 증가에 기여했다. 그러므로 내수 기업은 투자를 줄이고, 수출 기업은 투자를 늘렸을 것이다. 내수 침체와 수출 증가를 비교하면 어느 쪽이 더 컸을까?

앞에서의 분석 결과에 따르면 수출 증가 효과는 분명하지 않은 반면 내수 침체 효과는 지대했다. 환율 상승으로 인한 내수 감소액이 수출 증가액을 앞섰을 것이 분명하다. 그러므로 수출 기업의 투자 증가액보다 내수 기업의 투자 감소액이 더 컸을 것이다.

한술 더 떠서 이익이 엄청나게 증가한 수출 대기업들은 국내 투자는 외면한 채 해외투자를 크게 늘렸다. 2장에서 알아보았듯이 2008~2010년의 3년간 국내 기업이 해외에 공장과 기계설비를 위해 투자한 금액이 무려 80조 원에 달했다. 새해 벽두부터 신문의 경제면을 장식하는 "정부, 삼성의 중국 반도체 공장 투자 승인"(2012년 1월 4일)과 "삼성전자, 미국 오스틴 반도체 라인 증설에 10억 달러 투자"(2012년 1월 16일) 소식은 빙산의 일각일 뿐이다.

MB정부의 고환율정책으로 소득이 감소한 가계는 소비를 크게 줄였는데, 이익이 증가한 수출 대기업들은 해외 투자를 늘려 다른 나라에서는 수많은 일자리를 창출하면서도 국내 투자는 늘리지 않았던 것이다.

환율 상승이 정부지출(G)에 직접적으로 미치는 영향은 크지 않다. 다만 고환율을 유지하기 위해 정부는 외환시장에 개입하여 높은 가격에 달러를 사주었고, 환율이 낮아져 외국인들이 달러를 대거 매도하고 한국을 떠나갈 때 달러를 팔면 재정 손실이 발생하므로 정부지출에도 부정적인 영향을 미친다.

지금까지의 분석이 아주 정교하고 분석 결과가 대단히 정확하다고 확언할 수는 없지만, 대략적인 결론을 내리는 데 큰 부족함은 없을 것이다. 환율 상승으로 가계소비는 엄청나게 감소했다. 수출은 증가했지만 고환율로 인한 증가 효과는 불분명하다. 기업 투자에도 마이너스였고, 정부지출에도 작으나마 부정적인 영향을 미친다.

그러므로 MB정부와 다수의 경제학자들과 각종 언론이 확성기를 틀듯이 반복해대는 "고환율이 경제성장을 촉진한다"는 주장은 전혀 근거가 없는 정치 구호였음이 명확해졌다. MB정부의 고환율정책은 서민과 자영업자 그리고 우량 수출 중소기업들을 소득 감소와 도산으로 내몰았을 뿐만 아니라, 경제성장에도 전혀 도움이 되지 않았던 것이다.

05

재정적자와 가계부채에 기댄 경제성장

"한국이 금융위기에서 완전히 벗어났다."

2011년 1월 27일 한국은행 고위 간부가 공식적으로 내린 평가다. 평가의 근거는 경제성장률이다. 2010년 한국 경제는 6.2% 성장했다. 금융위기 이전인 2006년과 2007년의 성장률 5.2%와 5.1%보다 더 높았다. 2009년에는 성장률이 0.3%였다. 금융위기의 후유증이 채 가시지 않았던 상황이었음을 감안하면 마이너스 성장을 면한 것만 해도 대견하다 할 수 있다.

2009년과 2010년은 고환율정책이 지속되던 시기였다. 그 기간 동안 놀라운 경제성장률을 기록했으니 "고환율정책 덕분에 경제성장률이 높아졌다"고 목소리를 높일 사람이 많을 것이다. 한술 더 떠서 "MB정부의 고환율정책은 경제성장에도 기여하지 못했다"는 분석 결과가 틀렸다라고 주장하는 사람도 있을 것이다.

이 글에서는 2009년과 2010년 2년간 경제가 6.5% 성장한 것이 고환율정책 덕분인지, 아니면 다른 요인 때문인지 밝혀보도록 하겠다. 이를 위해 앞에서 활용했던 경제주체들의 지출 능력을 나타내는 지출 국민소득 공식을 다시 꺼내보자.

$$Y = C + I + G + (X-M)$$
GDP 가계소비 기업투자 **정부지출** 순수출

네 경제주체들 중 정부는 특이한 경제주체다. 정부는 생산에는 참여하지 않고 지출만 하는 경제주체기 때문이다. 만약 작년 정부의 지출이 200조 원이었는데, 올해 300조 원으로 늘린다고 가정해보자. 그럴 경우 위 공식에 의해 GDP가 100조 원 증가하고 경제는 약 10% 성장할까?

물론 그렇지 않다. 정부가 지출을 100조 원 늘리기 위해서는 세금을 100조 원만큼 더 거두어야 하고, 세금을 더 내야 하는 가계와 기업이 100조 원만큼 지출을 줄일 것이기 때문이다. 그러므로 정상적인 상황이라면 정부가 지출을 늘리든 줄이든 경제성장에는 영향을 미치지 않는다.

그런 정부가 경제성장에 기여하는 방법이 있다. 가령 200조 원의 세금을 거두어 300조 원을 지출하는 경우다. 이럴 경우 가계와 기업의 지출이 감소하지 않으므로 100조 원만큼 경제가 성장한다. 즉 재정적자를 내는 만큼 경제가 성장하는 것이다. 적자가 클수록 경제성장률이 높아지는 아이러니한 현실이다. 물론 그에 대한 대가는 있다.

경제에 공짜 점심은 없는 법이니까. 미래 어느 시점에서 재정적자를 메우기 위해 재정흑자를 내면 그만큼 경제성장률은 하락한다. 그래서 재정적자를 일컬어 '미래 성장을 끌어다 쓰는 것'이라고 부르는 것이다.

2009년과 2010년 MB정부는 재정적자를 통해 얼마나 미래 성장을 끌어다 썼을까? 2009년 재정적자는 43조 원에 달했고, 2010년에도 또 13조 원의 재정적자를 냈다. 2년간 재정적자가 모두 56조 원에 달했다. 2008년 한국의 GDP가 1026조 원이었으니 2009년과 2010년 2년간 재정적자로 만들어진 경제성장률이 5.5%였다.

2년간 재정적자로 만들어진 경제성장률 5.5%

MB정부는 2011년에도 재정적자를 갚을 생각은 전혀 없는 것 같다. 오히려 재정적자를 이용하여 성장률을 높이는 데만 골몰하고 있다. 상반기에만 재정적자가 19조 원이다.

정말 웃기는 사실이 2011년 9월 1일 기획재정부가 발표한 '2011~2015년 국가재정운용계획 수립방안'에 담겨 있다. 이 계획에 따르면 2012년까지는 재정적자를 계속 내고, 현 정권이 끝난 뒤인 2013년에 균형 재정을 회복하겠다고 한다. 자기는 엄청난 빚을 계속 내서 흥청망청 쓰고, 다음 정부는 그 빚을 갚아나가라고 미리 계획을 세워주는 꼴이다.

어쨌든 분명한 사실은 이렇다. '2009년과 2010년 2년간의 6.5% 성장률 중 5.5%가 재정적자의 선물이었다.' 그러니 OECD 국가들 중 성장률이 최상위권이니 하고 자랑하는 것은 낯간지러운 일이다.

그뿐이 아니다. 정부의 재정적자로도 부족해 공기업들도 공격적으로 빚을 내어 돈을 물 쓰듯 썼다. 공기업의 지출 증가 역시 직간접적으로 경제성장에 기여한다.

김광수경제연구소의 분석에 따르면 국가, 지방정부 및 공기업이 발행한 공공채의 발행 잔액이 2008년 초부터 2011년 3월 20일까지 257조 원이나 급증했다고 한다. 그 내역을 보면 국채와 지방채가 123조 원 증가했고, 공기업채가 134조 원 폭증했다. 공기업이 은행으로부터 대출받아 지출한 금액까지 합하면 공기업의 부채 증가액은 134조 원을 훨씬 뛰어넘는다. 공기업의 부채가 폭증한 것은 MB정부가 천문학적인 재정적자로도 부족하여 공기업의 빚까지 늘려 성장률을 높이려고 했기 때문이다.

문제는 공기업의 부채 역시 재정적자와 하등 다를 바가 없다는 점이다. 빚이란 언젠가는 갚아야 하는 돈이고, 공기업이 부채를 갚게 되면 성장률에는 마이너스 영향을 미친다. 공기업의 부채 역시 미래 성장을 끌어다 쓰는 수단이다.

토지주택공사가 과도한 빚더미에 눌려 실질적인 부도 상태에 내몰리고, 수자원공사는 4대강 사업의 부담을 못 이겨 엄청난 적자를 내고 있다. 공기업의 부채가 재정적자로 전환되는 현실이 지금 벌어지고 있는 것이다.

따라서 재정적자에 공기업의 부채까지 감안하면 2009년과 2010년의 6.5% 성장은 빛 좋은 개살구일 뿐 실질적으로는 큰 폭의 마이너스 성장이었던 것이다.

문제는 재정적자와 공기업의 부채 증가를 통해 마련한 수백조 원의 돈을 모두 극소수의 부자들과 재벌들에만 몰아주었고, 대다수 국민들은 그 혜택이 쥐꼬리만큼도 돌아가지 않았다는 사실이다. 그랬기에 국민의 97%인 임금노동자와 자영업자의 실질소득이 3년간 15.3% 이상 감소한 것이다.

더 큰 문제는 재정적자와 공기업의 부채를 갚아야 할 시기가 멀지 않았다는 사실이다. 게다가 그 빚을 갚아야 할 책임은 국민 모두가 져야 한다. 국민들 대다수는 혜택을 입기는커녕 국가의 빚을 갚아야 할 부담만 떠안게 된 것이다.

3년간 공공부채 GDP의 24% 증가

2009~2010년의 6.5% 경제성장률의 내용을 좀 더 자세히 알아보자. 한국은행이 발표한 '2009년, 2010년 국민계정'에는 경제주체별 성장 기여도 분석에 대한 내용이 나온다. 〈표 3-2〉에 이를 정리하였다.

이 표에서 가장 눈길을 끄는 것은 가계소비다. 2009~2010년간 경제

표 3-2 _ 2009년과 2010년의 경제주체별 성장 기여도

경제주체		가계소비 (C)	기업투자 (I)	정부지출 (G)	순수출 (X-M)	기타	합계 (Y)
성장 기여도	2009년	0.0%	-4.8%	1.4%	3.7%	0.0%	0.3%
	2010년	2.2%	4.3%	0.2%	-0.6%	0.1%	6.2%
	합계	2.2%	-0.5%	1.6%	3.1%	0.1%	6.5%

주 : 1. 기업투자는 설비투자, 무형고정자산투자 및 재고 증감의 합계
　　2. 정부지출은 정부지출과 건설투자의 합계
출처 : 한국은행

성장률에 가계소비가 2.2% 기여했다. 가계소비 증가율을 보면 2009년 -0.1%였고, 2010년에는 4.1%였다. 앞에서 '고환율정책으로 2년간 가계소득이 117조 원 감소했고, 그로 인해 약 94조 원의 가계소비 감소를 초래했다'고 했는데, 어떻게 가계소비가 증가할 수 있었을까?

그 이유는 네 가지다. 그중 첫 번째가 재정적자다. 2009~2010년간 MB정부는 56조 원의 재정적자를 내어 경제성장률에 5.5% 기여했다. 정부의 재정적자가 경제성장에 기여하는 경로는 두 가지다. 하나는 정부지출을 늘리는 것이고, 다른 하나는 세금 감면을 통해 가계와 기업에 소득을 이전하여 가계와 기업이 지출을 늘리도록 하는 것이다.

〈표 3-2〉에는 정부지출의 경제성장에 대한 기여도가 1.6%로 나와 있다. 재정적자의 경제성장 기여도 5.5% 중 나머지 3.9%, 즉 약 40조 원이 세금 감면을 통해 가계와 기업의 소득으로 이전된 것이다. 가계는 고환율정책으로 실질소득이 대폭 감소했는데 정부의 세금 감면으로 일부를 보전받은 셈이다. 물론 MB정부의 세금 감면은 거의 대부분 부자와 자산가들에게 집중되었다. 그 결과 백화점 소비가 급증했고, 외제차 수입이 껑충 뛰었다.

고환율로 소득이 감소했는데도 가계들이 소비를 늘린 두 번째 이유는 '재산효과(Wealth Effect)'다. 재산효과에 대해《경제학원론》은 이렇게 설명하고 있다.

주식이나 주택가격 상승으로 인해 재산이 불어나면 사람들은 소비지출을 늘리는데, 이를 가리켜 재산효과(Wealth Effect)라고 부른다. (중략) 흥미로운 점은 똑같은 재산증가라 하더라도 주택가격 상승으로 인한 것과

그림 3-5 _ **코스피와 소비자심리지수**

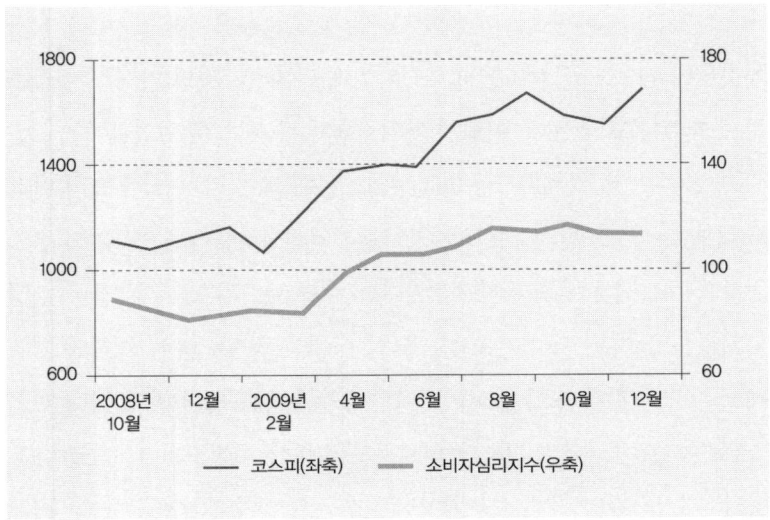

출처 : 한국거래소, 한국은행

주식가격 상승으로 인한 것의 효과가 다르게 나타난다는 사실이다. 전문가의 설명에 따르면, 주택가격 상승으로 인한 재산효과가 상대적으로 더 크게 나타난다고 한다.

재산효과를 명쾌하게 보여주는 그래프가 있다. 〈그림 3-5〉를 보자. '소비자심리지수'란 설문조사를 통해 소비자들에게 향후 소비를 늘릴지 줄일지를 물어서 그 결과를 지표로 만든 것이다. 일종의 가계소비에 대한 선행지수 같은 것이다. 그 지수가 코스피, 즉 주식가격에 대한 종합지수와 똑같이 움직이고 있다.

2009년 3월부터 주가가 가파르게 올랐다. 같은 시기에 수도권의 아파트 가격 역시 강한 반등세를 보였다. 〈그림 3-5〉는 자신의 재산이 늘어난다고 생각한 가계들이 소비를 늘리겠다고 응답했던 것을 보여준다.

가계소비 증가에 절대적인 기여를 한 주식과 부동산 가격의 폭등은 어떤 요인에 의해 가능했을까? 실물경제의 침체 상황에서 아파트 가격을 끌어올린 것은 가계대출의 힘이었다. MB정부는 금융위기가 터지자마자 금리를 사상 최저로 인하했고, 그 수준을 오랫동안 유지했다. 사람들은 빚을 내서 아파트 등에 투자하기 시작했고, 아파트 가격이 회복되자 자신의 부가 증가한다고 생각한 가계들이 소비를 늘렸던 것이다.

가계대출 급증이 가계소비 증가에 기여

사상 최저 금리가 아파트 가격의 버블을 키우는 데만 기여한 것은 아니다. 금리가 아주 낮은 수준에 오랫동안 머물자 일부 가계들은 소비를 위해 대출받기를 주저하지 않았다. 금리 부담이 아주 낮았고, 은행들은 대출 늘리기에 열을 올리고 있었기 때문이다.

일부 가계는 아파트 투자 목적으로 또 다른 가계들은 소비를 위해 가계대출을 늘렸으니, 가계대출은 금융위기 이전보다 더 가파르게 증가했다.

2009년과 2010년 2년간 금융기관의 가계대출은 149조 원 증가했다. 금융위기 이전에 너도나도 아파트 투자를 위해 대출을 받던 2005~2007년 3년간 합계액보다 더 많이 증가했으니 놀라울 따름이

그림 3-6 _ **가계대출 증가액**   (단위 : 조 원)

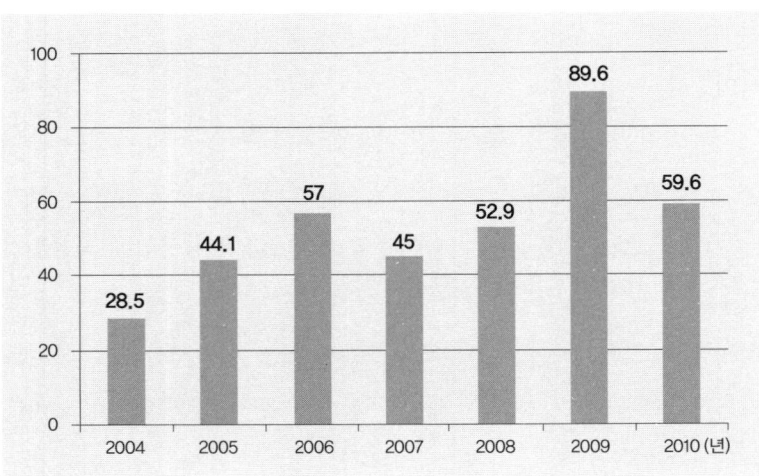

출처 : 한국은행

다. 금융기관 이외의 대출금과 판매신용 등을 더하면 대출 증가액은 훨씬 더 늘어난다. 이 증가액의 일정 부분이 가계소비에 사용되었다.

2008~2010년 3년간 소비성 대출인 가계 신용대출이 100조 원 이상 증가했다. 여신전문기관과 판매회사가 공여하는 판매신용은 14조 원 증가했다. MB정부 이후 소득이 감소한 가계들이 빚을 내서 소비에 충당했던 사실을 확인할 수 있다.

네 번째 이유는 가계들이 저축을 줄인 돈으로 소비를 늘린 것이다. 이런 사실은 가계저축률을 보면 금세 알 수 있다. 1998년 21.6%에 달했던 가계저축률은 이후 줄곧 하락했다. 가계소득은 증가세가 둔화되는데, 가계소비는 줄이기 어려웠기 때문에 저축률이 하락한 것이다. 게다가 2006년 이후 가계대출이 급증하면서 대출이자 부담이 급증한

그림 3-7 _ **가계저축률**

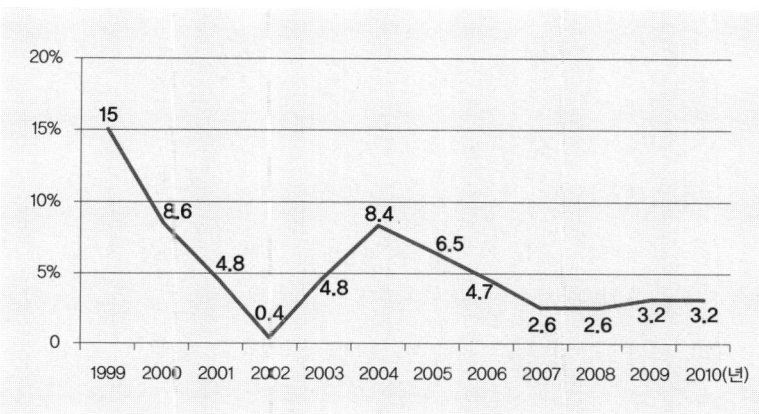

출처 : 한국은행

것도 가계저축률 하락에 한몫했을 것이다.

2003~2006년 동안 4.5% 이상을 유지하던 가계 저축률은 2007년 이후 또 한 차례 급락하여 3% 수준까지 하락했다. 미국의 6.5%, 독일 및 프랑스의 12~13% 수준과 비교하면 위험스런 수준이다.

정리하면 이렇다.

고환율정책으로 가계소득이 급격히 감소했다. 2009~2010년 동안 무려 117조 원의 소득이 감소했다. 내수가 급격히 침체되는 것은 불을 보듯 뻔한 결과였다. MB정부는 가계소비의 감소를 막기 위해 어마어마한 재정적자를 내어 가계와 기업에 세금을 돌려주었다. 대부분의 혜택이 부자와 자산가들에게 집중되었고, 그들은 소비를 늘렸다.

MB정부는 금리를 사상 최저로 내리고 오랫동안 유지했다. 이자 부담이 줄어들자 가계들은 대출을 받아 아파트 등에 투자하기 시작했고, 아파트 가격이 오르자 부자가 된 듯한 기분에 저축을 줄이고 소비를 늘렸다. 또 다른 가계들은 소득 감소에도 불구하고 소비를 줄이기 어려워 대출을 받았다. 그 결과 가계대출이 급증했다. 2009년 말 한국 가계의 대출 상환 능력은 서브프라임 버블이 최고조에 이르렀던 2007년 말의 미국보다 더 취약하다.

게다가 가계들이 저축을 줄여가면서 소비를 지속했으니 가계저축률이 바닥으로 추락했다. 가계저축률은 OECD 국가 평균인 6.8%의 절반에도 못 미치는 3.2%로, 가계소비에 성장을 의존하고 있는 선진국들보다도 훨씬 낮다.

개인이든 기업이든 국가든 가장 위험한 일은 빚이 늘어나는 것이다. 한술 더 떠서 수입까지 줄어들면 부도라는 낭떠러지로 떠밀리게 된다. 지금 한국의 가계가 딱 그런 상황이다. 가계부채는 전 세계 최고 수준까지 치솟았고, 소득은 MB정부 3년간 15.3% 이상 급감했다. 게다가 빚을 내서 투자한 아파트 가격은 하락하기 시작했으니 한국의 가계대출은 폭발 직전의 활화산처럼 일촉즉발의 상황이다.

이처럼 한국경제의 최대 위험요인으로 대두된 가계대출 문제를 분석해보면 고환율정책이 그 뿌리였음을 알 수 있다.

06

서민의 돈으로
미국경제를 살린다

　MB정부 3년간 고환율정책으로 무려 174조 원의 돈이 서민의 주머니에서 빠져나갔다. 그 곁과 국민의 97%인 임금노동자와 자영업자의 실질소득은 무려 15.3% 이상 감소했다. 반면 수출 대기업들은 세계적인 경기 침체 중에도 사상 최대 이익을 구가하면서 초호황을 즐기고 있다. 그리고 그 기업들의 주가 역시 사상 최고치를 갱신 중이다.
　주가가 오르면 주주들의 부는 증가한다. 수출 대기업들의 주가 상승으로 누가 얼마만큼 이익을 보았는지 따져보는 것은 꽤 흥미롭다. 막연히 생각하던 것과 상당히 다른 의외의 사실들이 튀어나오기 때문이다.
　고환율정책의 최대 수혜자인 삼성전자를 보자. 먼저 환율 효과에 의해 삼성전자의 주가가 얼마나 추가 상승했는지부터 알아보자. 물론 정확한 추가 상승폭을 계산하는 것은 불가능하므로 1장에서 추정

그림 3-8 _ **세계 주요 IT기업의 주가 변동 비교(2007. 12. 31~2010. 4. 5)**

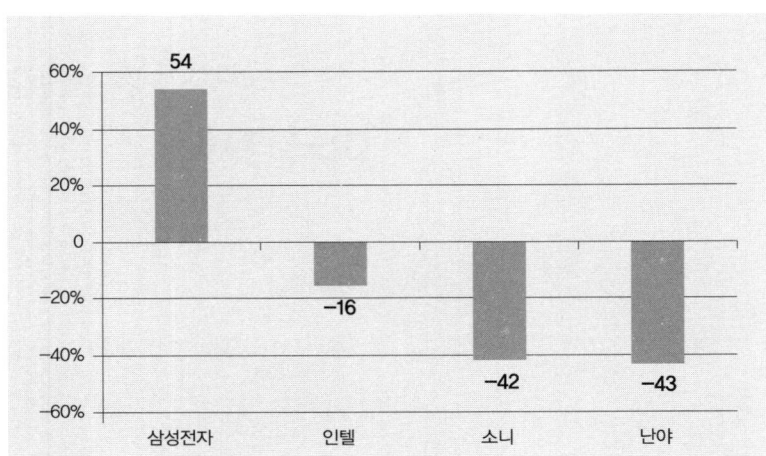

출처 : 한국거래소, 나스닥, 동경증권거래소, 대만증권거래소

했던 결과를 이용하도록 하겠다.

세계적인 IT기업인 미국의 인텔, 일본의 소니, 대만의 난야의 주가와 상대 비교한 결과 환율 효과가 없었다면 2010년 4월 5일 현재 삼성전자의 주가는 87만 원이 아니라 37만 원이었을 거라고 추정하였다. 환율 효과에 의해 주가가 2배 이상 오른 것이다.

2010년 4월 5일 현재 삼성전자의 시가총액은 128조 원이다. 그중 절반이 환율 효과였다고 가정하면 삼성전자 주주들은 환율 폭등으로 64조 원의 부가 더 늘어난 셈이다.

그들이 누구인지 알아보자. 대주주의 지분율은 18%다. 그리고 외국인이 약 50%를 소유하고 있다. 환율 폭등으로 더 증가한 삼성전자의 시가총액 64조 원 중 절반이 외국인들의 수중으로 들어간 것이다. MB정부의 고환율정책으로 서민들의 주머니에서 빠져나간 돈들 가운

그림 3-9 _ **삼성전자 주가 급등의 수혜자**

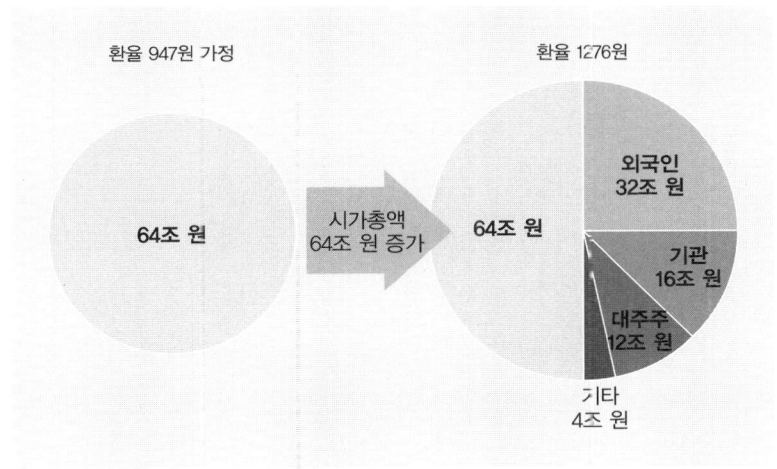

데 약 32조 원이 외국인 투자자들에게 흘러든 사실을 확인하고 나니 참 어이가 없다.

외국인 투자자의 상당수는 미국인이다. 결국 정부의 고환율정책으로 환율이 폭등하자 삼성전자의 주가가 폭등하고, 그 결과 미국 가계의 부가 증가했다. 우리 정부가 우리 국민의 소득을 빼서 미국 국민의 부를 증가시키는, 다시 말해 미국 경제성장에 기여하는 웃지 못할 코미디가 벌어졌다.

대주주와 외국인을 빼고 나니 32%가 남는다. 국민연금 등 기관투자자가 20% 이상 소유하고 있을 것이다. 그래서 남은 것이 얼마나 될까? 10%나 될까? 또 이 중 서민들이 가지고 있는 것은 얼마나 될까?

삼성전자 외에도 고환율정책으로 이익이 엄청나게 증가한 수출 대기업들이 많다. 이들을 일일이 조사하지 않더라도 그 결과는 충분히 짐작할 수 있다. 환율 폭등으로 인한 주가의 추가 상승률은 다소 차이가 있겠지만 주주 구성은 삼성전자와 별 차이가 없을 것이기 때문이다.

앞에서 언급했던 스톡옵션의 효과도 무시 못할 금액이다. 2009년 5월부터 4개월간 11명의 삼성전자 사장과 부사장들이 스톡옵션을 행사하여 얻은 이익이 571억 원이었다. 그 당시 주가는 60만 원대였다.

그러고도 남아 있는 스톡옵션을 주식수로 환산하면 135만 주다. 11명이 행사한 주식수의 10배가 넘는다. 주가는 2011년 12월 현재 100만 원을 넘어섰다. 대충 계산해보아도 1조 원이 넘는다. 그 이익은 전액 삼성전자 고위 임원에게 돌아갈 몫이므로 서민들과는 하등의 관련이 없다.

서민의 입장에서 고환율정책으로 인한 손익계산서를 만든다면 이렇게 된다.

고환율정책으로 3년간 서민들은 174조 원의 손실을 보았다. 그 돈은 대부분 수출 대기업의 이익으로 들어갔다. 이익이 엄청나게 증가한 수출 대기업들이 투자를 늘리지도 고용을 증가시키지도 않았으므로 서민들에게 이익이 된 것은 하나도 없다. 수출 대기업들은 고환율로 이익이 급증하자 해외에 공장을 세우고 설비투자를 늘렸다. 서민들의 희생을 대가로 벌어들인 돈으로 외국에서 일자리를 늘린 것이다. 사상 최대 이익을 낸 수출 대기업들의 주가가 폭등하였으나, 이들 주식이나 스톡옵션을 보유하지 못한 서민들에게는 남의 집 잔치에 지나지 않았다.

그러므로 서민들 입장에서 보면 고환율정책은 174조 원의 손실만

입히고 돌려주는 것은 거의 없는 지독하게 나쁜 정책이었다. 상황이 이처럼 분명한데도 수많은 경제학 교수들과 보수 언론들은 마치 고장 난 녹음기처럼 '고환율 찬양론'만 되풀이하고 있다.

07

'잃어버린 5년'과 자영업자의 이중고

"잃어버린 10년!"

노무현 정부 후반부에 보수언론들이 합세하여 주문처럼 외쳐대던 구호다. 대다수의 국민들이 그 말의 본래 의미를 따질 겨를도 없이 주문은 뇌리에 파고들었고, 보수세력은 권력을 잡는 데 성공했다.

'잃어버린 10년'의 원조는 일본이다. 1990년 거대한 자산 버블이 꺼지자 일본경제는 10년간 장기 침체에 빠져들었고, 국민들은 고통을 받았다. 그러나 '잃어버린 10년'이라는 관용어는 장기간의 경기 침체보다 더 구체적인 의미를 담고 있다.

1992년 일본의 1인당 국민총소득, 즉 GNI는 3만 756달러였다. 10년이 지난 2002년에는 3만 1260달러로 10년간 단지 1.6% 증가에 그쳤다. 〈그림 3-10〉은 1992년 이후 일본의 경제성장률을 보여준다. 한눈에 보아도 11년간 경제성장이 멈춰선 것을 알 수 있다. 11년간

그림 3-10 _ 1992~2002년 일본의 경제성장률 (단위 : %)

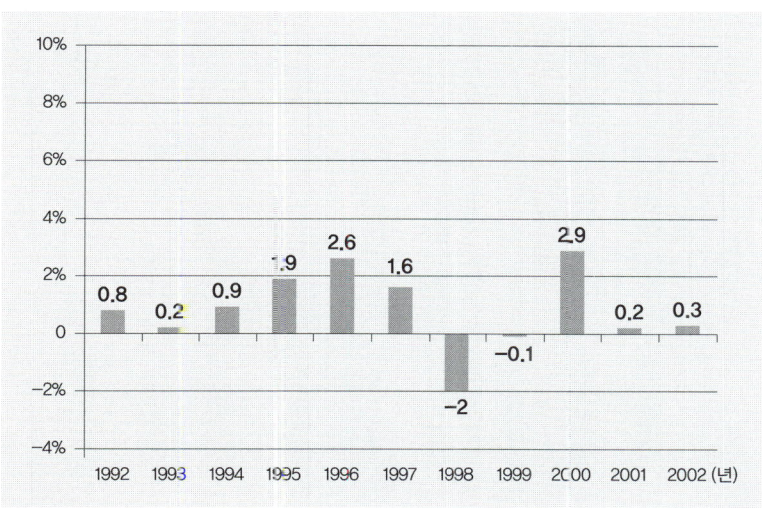

출처 : 한국은행

9.3% 성장했으니 연평균 1%에도 못 미치는 성장이었다.

경제성장이 멈추었다는 사실이 의미하는 바는 자못 심각하다. GDP란 곧 국민총소득이므로 경제성장률은 국민소득 증가율과 같아진다. 그런데 11년간 경제성장이 멈췄으니 일본 국민들의 소득 또한 증가하지 않았던 것이다. 소득이 증가하지 않은 국민들은 씀씀이를 늘릴 수 없으니 그 고통을 참기 어려웠을 것이다.

노무현 정부 시절 한국의 보수 언론이 주문처럼 외쳐대던 '잃어버린 10년'이 과연 김대중 정부와 노무현 정부가 집권했던 10년간 한국에서도 벌어졌을까?

1999~2007년 9년간 한국경제는 매년 평균 5.8%씩 성장했다. 김영삼 정부가 끝난 다음해인 1998년 7607달러였던 1인당 국민총소득은

그림 3-11 _ 1999~2007년 한국의 경제성장률

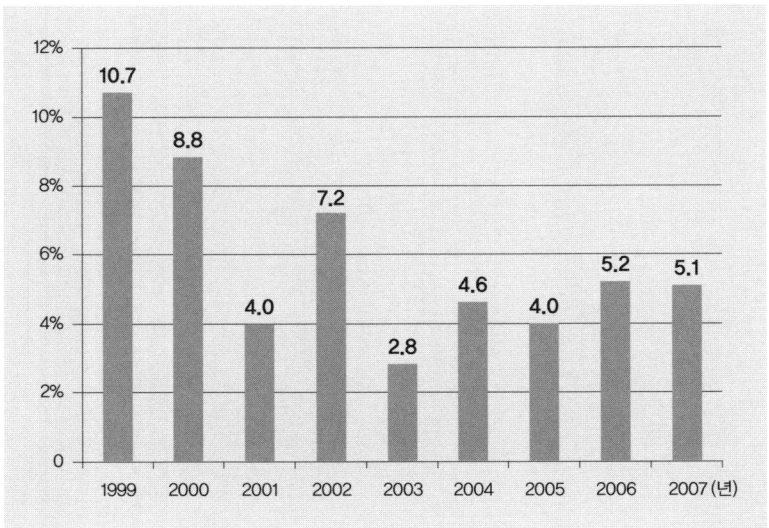

출처 : 한국은행

노무현 정부 마지막 해인 2007년에는 2만 1695달러로 3배나 급증했다.

그런데 '잃어버린 10년'이라니! 보수 언론은 해가 중천에 떴는데 "지금은 칠흑 같은 밤이다"라는 저주의 주문을 외워댔던 것이다. 그리고 국민들은 그들의 주문에 세뇌되어 급기야 권력을 내주기에 이르렀다.

그렇다면 MB정부 5년은 어떨까? 경제성장률보다 더 중요한 것은 국민 대다수의 소득 증가다. 보수 정권 5년간 국민들의 소득은 어떻게 변했을까? 2장에서 분석한 내용을 다시 보도록 하자.

2525만 명의 경제활동인구 중 취업자는 2450만 명으로 97%에 달한다. 그 취업자 중 임금근로자는 1750만 명에 달하고, 가족 근로자를 포함한 자영업자는 700만 명에 이른다. 경제활동인구의 97%를 차

지하는 임금근로자와 자영업자들의 명목임금은 2008년부터 2011년 상반기까지 3년 6개월간 7.3% 미만으로 증가했다. 그 기간 동안 MB물가지수는 22.6%나 급증했으니 우리 국민들 대다수의 실질임금이 MB정부 3년 6가월간 15.3% 이상 감소했다.

일본은 10년간 소득이 거의 증가하지 않았다고 하여 '잃어버린 10년'이라는 수치스런 이름이 붙었다. 그런데 MB정부 3년 6개월의 세월 동안 국민 대다수의 소득이 엄청나게 감소했다. 이에 걸맞은 이름은 무엇일까? 소득이 15%가 넘게 감소했는데 단지 '잃어버린'이라고 부른다면 지나치게 후한 평가가 아닐까? 감소한 소득을 되찾는 데만 또 다른 5년여의 긴 시간이 필요할지도 모른다. 그러니 MB정부는 '잃어버린 10년'의 세월을 예고해놓은 셈이다.

MB정부가 만든 '잃어버린 5년'의 타격을 가장 크게 받는 곳은 자영업이다. 자영업자들은 10여 년 전 외환위기 때보다 더 극심한 고통을 당하고 있다. 주 고객인 서민들의 소득이 엄청나게 감소했으니 자영업이 얼마나 장사가 안 될지는 구태여 통계 수치를 확인하지 않더라도 짐작하고도 남는다.

자영업의 고통은 여기서 그치지 않는다. MB정부 들어 물가가 폭등했으니 판매 가격을 올려야 정상인데도 그러지 못하고 있다. 재료비가 올라 비용이 급증하고 서민 경제가 어려워 매출은 급감했으니, 자영업은 이중고에 시달리고 있다.

자영업자들이 얼마나 큰 고통을 겪는지를 체감하는 가장 좋은 방법은 그들의 이야기를 직접 들어보는 것이다. 인터넷 사이트에 들어가면 자영업자들이 직접 올린 글들을 많이 볼 수 있다. 2010년 6월

19일 〈다음〉의 아고라에 올라온 글의 일부를 여기에 옮긴다. 이 글은 조회수가 4만 3000회를 넘어 그날 최고의 화제글이었다.

그러고 보니 제가 자영업을 시작한 지도 벌써 10년이라는 세월이 훌쩍 넘었군요. 학벌도 고졸이라 좋은 직장을 가질 수도 없었고, 고생고생하며 익힌 기술 하나 가지고 자영업을 시작했었습니다.
(중략)
참여정부가 들어섰을 때 내심 내수를 살리는 데 힘을 쏟았으면 하는 바람을 가져 보았지만, 역시나 별다른 변화의 조짐은 보이지 않더군요. 그저 몸으로 부딪혀 내 가정을 책임지자는 일념으로 버텼으며, 그러다 보니 단골손님도 많아지고 그렇게 최소한의 삶은 이어갈 정도가 되더군요.
(중략)
미국발 경제위기라는 토네이도가 대한민국에 불어닥쳤으며 모두들 숨죽이고 어서 좋은 날이 오기만을 기다렸지요. 현재 정부는 경제를 살렸다고 하는데, 도대체 어디가 살았는지 심히 궁금한 현실입니다. 그런 답답한 마음에 며칠 전 여기저기 전화를 해보았습니다. 수도권에서 꽤 크게 유통업을 하시는 어떤 사장님께서는 "아휴, 말도 마십시오. IMF 때도 지금처럼 힘들지는 않았는데, 제가 살다 살다 이런 불황은 처음입니다"라고 말씀하시더군요. 아마도 이번 6·2지방선거에서 "자영업 하는 우리들 내수가 살지 않아 힘들어 죽겠습니다"라는 마음을 담아 투표했을 것으로 추측이 되더군요.
현재 대한민국 경제 상황은 각종 경제 지표를 보면 서서히 살아나고 있는 것처럼 보이지만, 그 혜택은 대기업 및 상위층들에 집중되고 있으며, 중간이나 바닥은 여전히 찬바람이 불고 여름을 바라보는 계절임에도 난로를 켜야 하는 상황입니다.

그리고 4대강 사업요? 솔직히 저희들은 4대강 사업과 관련이 없는 지역에 살고 있지만, 모이면 늘상 하는 말은 "4대강 사업에 쓸 그 어마어마한 돈을 내수 살리는 데 쓰면 안 되냐?"입니다. 끝이 어딘지 모를 컴컴한 터널에서 언제쯤 탈출할 수 있을지만 관심이 있을 뿐, 그 어떤 것도 눈에 들어오지 않는 암울한 현실이라 말씀드리고 싶습니다.

P.S : 자영업자들이 흔든 이유는 여러 가지가 있겠습니다만, 저에게 제일 피부에 와 닿았던 것은 바로 고환율이었습니다. 내수가 어려워 판매가 부진한 상황에서 단가는 엄청 오르는데, 그렇다고 무작정 물건값을 올릴 수도 없고 말 그대로 이러지도 저러지도 못하는 현실입니다.

출처 : 〈다음〉의 아고라, 2010년 6월 19일

2011년 11월 25일자 〈중앙일보〉는 1면 머리에 '일자리의 40% 자영업이 흔들린다'는 제목의 기사를 실었다. 그 기사에 의하면 서울의 소문난 상권인 이화여대 앞 보세골목마저 장사가 안 되어 서너 집 건너 한 집이 셔터를 내리고 '임대 문의' 쪽지를 붙여놓았다고 한다. 음식점들은 올 여름 올렸던 점심값을 다시 내리고 있지만 손님은 늘지 않는다. "지금 자영업의 상황은 3년 전 금융위기에 비할 수 없을 정도로 심상치 않으며, 내년 상반기에는 더 심각한 상황을 갖을 것이다"라는 전망까지 내놓고 있다.

상황이 이 지경에 이르렀는데 정부는 무엇을 한 걸까? 과연 MB정부가 자영업자들을 위해 한 일이 있기는 한 걸까? 하나 있기는 하다.

2010년 7월부터 시행한 '햇살론'이라는 고금리 대출이 그것이다.

자영업자들이 줄줄이 도산하면 사회적 불안을 야기할 뿐만 아니라 가계소비가 위축되어 성장률에 영향을 미치고, 금융기관의 부실이 급격히 증가한다. 그럴 경우 MB정부가 공들여 쌓아올린 자산 버블이 일거에 무너져 내릴 것이었다. 이에 위기를 느낀 정부가 자영업의 줄도산을 잠시 지연시킬 처방을 내놓았으니, 바로 '햇살론'이다.

자영업자들에게 저금리로 대출을 해주는 정책은 이미 참여정부 시절부터 시행해왔다. '소상공인 정책자금'이라는 이름으로 은행금리보다 훨씬 낮은 3~4%의 저금리에 5000만 원까지 자금을 제공했고, 담보가 없는 자영업자에게는 신용보증까지 제공했다.

MB정부 들어 경기가 날로 악화되어 자금 사정이 나빠진 자영업자들은 '소상공인 정책자금'에 몰렸고, 이 자금은 조기에 소진되었다. 이런 경우 자금을 증액해서 사정이 어려운 자영업자들을 도와주는 것이 정부가 마땅히 해야 할 일인데, MB정부는 11%가 넘는 제2금융권의 고금리 대출을 '햇살론'이란 이름으로 알선했다.

이름대로라면야 암울한 자영업의 현실에 따스한 '햇살'을 비추어야 하건만, 실상은 고금리를 주선하여 자영업자들을 빠져나오기 힘든 막다른 골목으로 몰아간 것이다.

지난 3년간 MB정부는 72조 원에 달하는 재정적자를 내어 부자들과 대기업에는 거액의 세금을 돌려주고, 고환율로 수출 대기업에 200조 원에 가까운 이익을 몰아주었다. 그 결과 백화점의 명품 코너는 발 디딜 틈이 없고, 외제차 수입은 2011년도에만 50% 이상 증가하는 호황을 구가하고 있다.

그런데 경기 침체로 고통받는 자영업자들에게는 고금리 대출을 주선한 것이 전부다. 2011년 들어 햇살론 대출의 만기가 돌아오자 이를 갚을 능력이 없는 자영업자들이 줄줄이 신용불량의 나락으로 떨어진 것은 예견된 일이었다. MB정부가 또 어떤 임시방편적 대응책을 내놓을지 궁금해진다.

자영업이란 서민들의 마지막 생계수단이다. 그것가저 안 되어 문을 닫으면 가족의 생계가 막막해지고 막다른 골목으로 몰릴 수밖에 없다. 부자들과 수출 대기업들에 베풀어준 혜택의 반분의 일이라도 자영업자들에게 돌려주어 벼랑 끝에서 구해주는 것이 정부가 지켜야 할 최소한의 의무가 아닐까?

제4장

고환율의 음모(II)
위험한 머니게임

환율이 가장 큰 힘을 발휘하는 곳은 주식시장이다. 그 주식시장이 2011년 8월 초 대폭락했다. 증권 전문가를 자처하는 이들은 유럽의 재정위기와 미국의 신용등급 강등을 대폭락의 주범으로 지목했다.

그러나 이들은 거대한 '머니게임'이라는 현 주식시장의 본질을 못 보고 있는 것이다. 금융위기 직후 폭락했던 전 세계 주식시장이 지난 2년 반 동안 강력한 상승세를 보인 것이 머니게임의 힘이었듯 그 종말 역시 별안간 찾아온 것이었다.

한국 주식시장은 예외일 거라고 판단한다면 이 역시 근시안적인 견해다. 왜 한국 증시에 국제투기자금이 몰려들었고, 지난 2년 반 동안 그 어떤 나라보다도 더 거대한 머니게임이 벌어졌는지, 기업 이익의 급증은 어떻게 가능했는지, 향후 기업 이익은 어떻게 변할지 그리고 머니게임과 기업 이익에 환율이 어떻게 작용했는지를 알아본다.

01

2011년 8월 주가 대폭락의 진짜 이유는

> 최근 증시 조정의 표면적인 이유는 미국과 유럽에 있지만, 가장 직접적인 원인은 **갑자기 매도로 돌변한 외국인 수급**이다. 외국인 투자자가 지난 8거래일 연속 국내 유가증권시장에서 팔아치운 주식은 약 4.8조 원. 외국인의 'Exit Korea' 행진이 우리 증시에 독이 되고 있다.
>
> 출처 : 어느 증권사 시황 보고서의 첫 문단, 2011년 8월 12일

2011년 8월 1일 2172였던 코스피는 8월 9일 1801로 무너져 내렸다. 6일간 주가가 17%나 폭락한 것은 2008년 9월 리먼 브러더스가 파산했을 때도 없었던 일이었다.

2008년 말 금융위기가 터지자 주식시장을 떠났던 개인투자자들이 다시 주식투자를 재개한 것은 주로 2010년 9월 이후다. 1960~1980의 박스권에서 1년여 동안 횡보하던 코스피가 박스권 상단인 1980을 상

그림 4-1 _ **코스피**

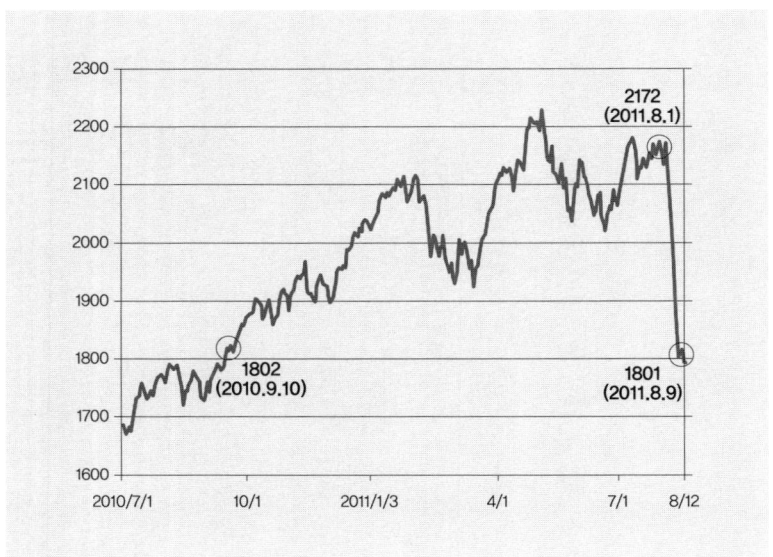

출처 : 한국거래소

향 돌파한 것은 2010년 9월 10일이었다. 증권사는 물론 국내 언론들은 일제히 주식시장의 상승 추세 지속을 자신 있게 외쳤고, 이에 화답이라도 하듯 코스피는 2000을 가볍게 돌파하고 2200을 잠시 넘어서기도 했다. 투자자들은 앞다투어 증시로 몰려들었고, 주식투자에서 수익을 맛본 투자자들은 더 많은 돈을 증시에 쏟아부었다.

그런데 단 6일 만에 지난 10개월간의 상승폭을 반납하고 말았으니 투자자들이 공황 상태에 빠져든 것은 당연한 현상이었다. 도대체 무슨 일이 일어났기에 그런 대폭락이 발생했을까?

2011년 8월 4일자 어느 신문은 "미국 더블딥 우려, 유럽 디폴트 위험, '두 공포'가 덮쳤다"라는 머리기사로 세계 증시의 동반 폭락을 설명했다. 증권 분석가들의 입에서도 다른 이유는 들을 수 없었다. 그러나 이 둘은 이기 수십 차례 증시를 뒤흔든 오래된 악재였다. 증시의 격언처럼 주가에 이미 반영된 악재가 힘을 발휘할 수는 없는 일이었다.

금요일인 8월 6일 미국 증시가 마감한 뒤 스탠더드앤드푸어스(S&P)가 미국 신용등급을 강등했다. 언론과 증권 전문가들은 이를 대폭락의 진짜 주범이라고 몰아붙였다. 그러나 7월 내내 미국 국채 발행 한도 증액이 증시의 헤드라인을 장식하면서 투자자들은 '미국 신용등급의 하향 가능성'이란 말을 귀가 따갑게 들어왔다. 중국의 신용평가기관인 다공은 스탠더드앤드푸어스보다 앞선 8월 3일 또 한 차례 미국의 신용등급을 강등했다. 무엇보다 미국 신용등급 강등이 2008년 말의 글로벌 금융위기 발생보다 더 큰 악재일 수는 없었다.

6일간 17%의 대폭락은 미국과 유럽의 경제문제로는 결코 설명할 수 없는 현상이었다. 그러면 대폭락의 진짜 이유는 무엇일까? 이 글의 맨 앞에서 인용한 증권사 시황 보고서의 첫 문단에서 해답의 실마리를 찾을 수 있다.

'미국과 유럽의 경제 문제는 단지 표면적인 이유'일 뿐이었고, 진짜 이유는 '외국인의 매도로 인한 수급의 악화'였다. 한다디로 '경제 펀더멘털의 악화'가 아니라 '주식시장 수급의 악화'가 단 6일 만에 주가를 17%나 폭락시킨 것이다.

경제 펀더멘털이 아닌 주식시장 수급, 즉 유동성이 주가의 향방을 좌우하는 시장을 우리는 '유동성 장세'라고 부른다. 그리고 '유동성 장세'를 다른 말로는 '투기장' 혹은 '머니게임'이라 부르기도 한다. 그

그림 4-2 _ **미국 다우지수**

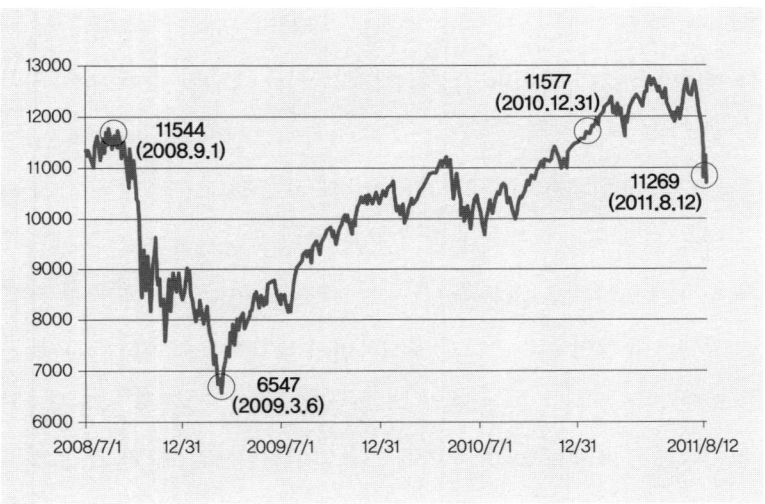

출처 : 뉴욕증권거래소

러므로 2011년 8월 주가 대폭락이 분명하게 말해주는 점은 지금의 주식시장이 '유동성 장세' 혹은 '머니게임'이라는 사실이다. 이 사실은 지난 2년여 동안 진행된 상승 국면을 돌아보면 더 확실하게 실감할 수 있다.

2008년 9월 15일 리먼 브러더스의 파산을 전후해 대폭락했던 세계 증시는 2009년 3월 6일 바닥을 찍고 상승세로 돌아섰고, 2010년에는 리먼 파산 이전의 수준을 회복했다. 이처럼 단기간에 세계 증시를 회복시킨 힘은 무엇이었을까?

금융위기가 발발하자 미국은 밤낮없이 윤전기를 돌려 기축통화인 달러를 찍어냈다. 미연방은행 총재인 버냉키는 유동성을 늘리면 실물경제가 살아날 거라고 큰소리쳤지만, 그 돈들은 실물경제로 가지 않고 주식시장과 원자재 시장으로 몰려갔다. 거대한 머니게임이 시작된 거였다. 실물경제는 좋아지지 않는데 주식과 원자재 가격만 오르는 버블 현상이 2년여 동안 지속되었다.

머니게임의 가장 큰 특징은 주가 상승과 하락이 실물경제와 다르게 움직인다는 점이다. 지난 2년여 동안 실물경제에 근거하여 가격이 오르지 않았으니 가격 하락 역시 실물경제와 전혀 관련 없이 발생할 수 있었다. 어떤 사건이 계기가 되어 어느 날 갑자기 버블이 폭삭 꺼질 수 있는 것이다.

앞에서 인용한 증권사 시황 보고서는 "갑자기 매도로 돌변한 외국인 수급" 때문에 주가가 대폭락했다며 무척이나 당황해 하고 있다. 그 시황 분석가의 판단으로는 미국과 유럽의 문제 정도로 외국인들이 '갑자기' 매도로 돌변한' 것이 도저히 이해가 가지 않았던 것이다. 시황 분석가가 이런 반응을 보인 것은 중요한 사실을 깨닫지 못했기 때문이다. 그것은 지금 주식시장이 머니게임의 장이라는 사실이다. 머니게임의 종말은 이처럼 별안간 닥쳐오는 경우가 많다.

조지 소로스, 머니게임의 종말을 예고하다

헤지펀드의 황제인 조지 소로스는 일찍이 머니게임의 결말이 어떤 모습일지 예견한 적이 있다. 2009년 10월 26일 자신의 조국인 헝가리의 부다페스트 대학교에서 행한 강연에서였다.

"모든 버블은 상승과 하락이 비대칭의 모습을 보인다. 상승(boom)은

길게 지속되는 반면, 하락(bust)은 짧고 깊다. 환상은 공포로 변하고 절정에 이르면 금융위기를 초래한다."

2011년 8월 초 전 세계 주식시장에서 벌어진 대폭락 사태는 조지 소로스가 예고한 머니게임 종말의 모습 그대로였다. 조지 소로스가 오랜 기간 여러 차례의 머니게임을 경험했고 때로는 스스로 주도하기도 했다는 점을 감안하면, 그의 강연 내용을 좀 더 자세히 알아보는 것도 상당히 유익할 것이다. 더구나 그가 단지 공격적인 투자로 엄청난 부를 축적한 성공적인 헤지펀드 매니저에 머문 것이 아니라, 자신의 경험과 생각을 여러 차례의 강연과 저술을 통해 이론화했다는 점을 생각하면 더욱 그렇다. 10시간여에 달했던 그의 강연 내용 중 주식시장과 관련한 부분만 간추려보면 다음과 같다.

어린 시절의 남다른 경험과 헤지펀드 매니저로서의 오랜 경험에서 나는 남들과 다른 사고체계(Conceptual Framework)를 갖게 됐다. 이것을 통해 나는 과거 여러 번의 위기국면에 적절히 대응할 수 있었고, 헤지펀드 매니저로서 큰돈을 벌 수 있었다.
2008년 금융위기가 닥쳤을 때도 나의 독특한 사고체계 덕분에 위기를 미리 예측할 수 있었고, 또 위기가 발생했을 때 그에 대응할 수 있었다. 또한 위기의 진행과정에서 어떤 일들이 발생할지를 남들보다 더 잘 예측할 수 있었다.
그 사고체계의 핵심은 '인식의 오류(fallibility)'와 '인식과 현상의 상호작용(reflexibility)'이다. 또한 이 둘이 금융시장에 버블을 발생시키는 원리이기도 하다. 예를 들어 설명하면 이렇다.

어떤 이유로 비이성적으로 가격이 오르는 현상, 즉 버블이 발생하면 그 버블이 사람들로 하여금 가격이 더 오를 것이란 생각을 갖게 한다. 이것이 '인식의 오류'다. 이런 인식의 오류로 인해 사람들은 잘못된 행동, 즉 비이성적인 가격에 매수를 하게 되고, 그 결과 가격은 더 오른다. 이것이 '인식과 현상의 상호작용'이다. 이런 과정을 '선순환 과정(Positive Feedback Process)'이라 부를 수 있다. 선순환 과정이 반복되면서 가격은 폭등한다.

그러나 선순환 과정이 무한정 지속될 수는 없다. 왜냐면 가격이 객관적인 가치(적정가치)를 과도하게 초과하면 투자자들 중 누군가는 버블이 더 이상 지속되기 어렵다는 생각을 갖게 된다. 그리고 이런 생각을 하는 투자자들이 많아지면서 가격은 적정가치로 회귀하게 된다. 이것을 '악순환 과정(Negative Feedback Process)'이라 부르기로 한다. 이 악순환 과정에 의해 결국 버블이 붕괴된다.

조지 소로스의 강연 내용을 최근의 주식시장에 적용하면 이런 이야기가 된다. 2001년 미국의 사상 최저 금리정책에서 시작된 전 세계 자산 가격 버블이 2008년 일제히 붕괴되어 주식과 부동산 가격이 폭락했다. 금융위기와 경제위기를 극복한다는 명분으로 미연방은행을 비롯한 각국 중앙은행들은 또다시 유동성을 크게 늘렸다. 돈의 힘에 의해 전 세계 주가가 반등하기 시작했다.

주가가 어느 수준을 넘어서자 적정가치와 괴리되는 버블이 발생했다. 버블 초기에는 하락 위험을 우려하여 투자를 망설이던 투자자들이 버블이 더 커지자 가격이 더 오를 것이라는 생각을 갖게 됐다. 버블이 사람들의 생각을 바꾼 것이다. 주식에 더 많은 돈이 몰렸고, 주가는 더 급등했다.

그러나 어느 시점이 되자 일부 투자자들이 주가가 적정가치를 지나치게 초과했다는 생각을 하게 됐고, 시간이 지나면서 이런 생각을 하는 투자자들이 늘었다. 당연히 그들은 주식을 매도했고, 버블이 붕괴되기 시작했다. 어떤 일이 계기가 되어 매도세가 급증하자 주가가 폭락했다.

2011년 8월 초 갑자기 발생한 주가 대폭락의 진짜 이유는 현재 주식시장의 본질이 머니게임이었기 때문이다. 미국의 신용등급 강등이든 그리스의 부도위기든 그런 사건들은 단지 투자자들에게 리스크의 크기를 상기시키는 계기로 작용했을 뿐이다. 돈의 힘에 의해 주가가 끝없이 오를 거라 굳게 믿고 투기에 동참했던 투자자들이, 그 사건들을 계기로 투기의 위험을 자각한 것이 대폭락을 불러온 것이다.

혹시 한국의 주식시장은 다르다고, 한국의 주가는 펀더멘털에 근거해 올랐다고, 언성을 높일 사람이 있을지도 모르겠다. 과연 그럴까? 다음 글에서 차근차근 밝혀보도록 하자.

12월 1일 전 세계 주가가 급반등했다. 미국 다우지수와 한국의 코스피가 동시에 2009년 3월 이후 최대 상승폭을 기록했다. 급반등의 재료는 미연방은행의 유럽중앙은행에 대한 달러 공급 발표와 중국 인민은행의 지급준비율 0.5% 인하 조치였다. 흥미로운 사실은 같은 날 유럽 국가들의 재정 위기 해결책인 유럽안정기금의 확충이 불가능할 것이라는 의견이 고조되었고, 중국의 11월 제조업지수가 33개월 만에 기준치를 밑도는 49로 발표되었다는 점이다.

　유럽과 중국의 실물경제는 침체에 빠져들었고, 이를 완화하기 위해 유동성을 공급한다는 상반된 재료가 동시에 터져나왔는데, 주식시장은 실물경제보다 유동성에 크게 반응한 것이다. 지금 주식시장을 좌지우지하는 요인은 실물경제가 아닌 유동성, 즉 돈의 힘이라는 사실을 보여주는 좋은 사례다.

02 국제투기자금 끌어들이기

　2010년 4월 26일 1104원이었던 환율이 5월 26일 1253원까지 폭등했다. 한 달 만에 환율이 무려 150원이나 급등한 것은 극히 이례적인 일이다. 한 국가의 경쟁력을 나타내는 종합지표인 환율이 이 정도로 급등하는 것은 국가 경제에 이상이 생기지 않고서는 발생하기 힘든 일이다.

　"북한과의 무력 충돌 가능성이 고조되었으므로 환율이 급등했다." 정부와 통화당국의 환율 책임자라면 이런 변명을 서둘러 둘러댈 것이다. 환율에 대해 잘 알지 못하는 일반인들은 이런 변명에 고개를 끄덕일 수도 있다.

　당시 북한과의 무력 충돌이 우려되었던 것은 사실이다. MB정부가 대북 선전용 스피커를 휴전선 남쪽에 설치하겠다고 으름장을 놓았고, 북쪽은 스피커를 설치하는 즉시 조준사격으로 응하겠다고 큰소

그림 4-3 _ **원화 환율(2010. 1. 4~7. 20)** (단위 : 원)

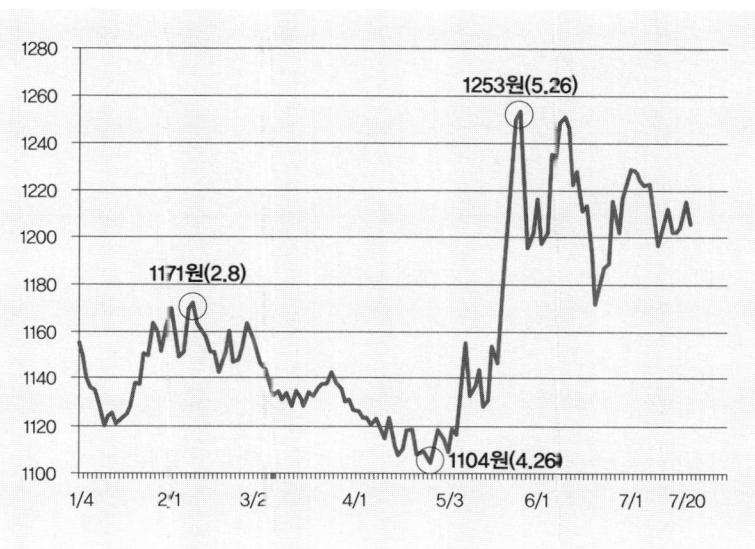

출처 : 한국은행

리를 쳤으니, 한 치 앞을 내다보기 힘든 상황이긴 했다.

무력 충돌이라는 위험이 대두되면 환율이 상승하는 것은 일반적인 현상이다. 위험을 회피하기 위해 외국인들이 투자한 자금을 재빨리 회수하려 하고, 이에 따라 달러의 수요가 급증하기 때문이다. 하지만 전쟁 위험이 고조되더라도 외국인들의 투자 회수 및 달러 매입 현상이 발생하지 않는다면 환율은 움직이지 않는다. 외환시장 역시 여느 시장과 마찬가지로 수요와 공급의 법칙에 의해 가격이 움직이는 곳이니까.

2010년 5월 초 남북한 간 무력 충돌 위험이 대두되었을 때 외국인들은 서둘러서 국내에 투자한 주식과 채권을 매도하고 한국을 빠져

표 4-1 _ **외국인의 국내 주식·채권 투자 동향 및 경상수지** (단위 : 억 원)

구분	주식 순매수	채권 순투자	합계	달러 환산(달러)	경상수지(달러)
5월	−60,991	34,895	**−27,904**	−23.9억	38.2억
6월	10,440	−7,744	**2,696**	2.2억	51.0억
7월	24,065	39,454	**63,519**	52.7억	58.8억
합계	−26,486	66,605	**40,119**	31.0억	148.0억

주 : 주식 순매수 = 주식 매수 − 주식 매도
　　채권 순투자 = 채권 매수 − 채권 매도 − 채권 만기 도래
출처 : 금융감독원

나가려고 했을까? 그래서 환율이 한 달 만에 150원이나 급등한 것일까? 금융감독원이 매달 발표하는 '외국인투자동향'을 보면 그 답을 알 수 있다.

외국인은 2010년 5월 국내 주식을 6조 991억 원 순매도하고 국내 채권을 3조 4895억 원 순투자했다. 주식과 채권을 합하면 2조 7904억 원 순매도이고, 이를 달러로 환산하면 23억 9000만 달러다. 그달 경상수지는 38억 2000만 달러 흑자였다. 외국인 투자와 경상수지를 통해 외환시장에 공급된 달러가 수요를 14억 달러 초과한 것이다. 그런데 달러의 가격인 환율은 폭등했으니, 그저 어리둥절할 뿐이다.

이어 6월과 7월에는 주식과 채권을 합해 외국인은 2696억 원 및 6조 3519억 원을 순매수했다. 5월에서 7월의 3개월간 순매수 금액은 4조 119억 원이었다. 외국인이 3개월간 31억 달러를 외환시장에서 매도한 것이다. 물론 그 기간 동안 148억 달러의 경상수지 흑자 역시 외환시장에 공급되었다.

그런데 4월 말 1100원이었던 환율이 5월에는 150원이나 급등했고

7월 20일까지도 1200원 위쪽에 머물렀다. 그 이유가 외국인이 국내 투자를 회수하기 위해 달러를 매수했기 때문이었다라는 변명은 거짓말이었다는 사실이 밝혀졌다.

도대체 왜 환율이 급등했으며, 오래도록 1200원 이상을 유지했을까? 그 대답은 간단하다. 누군가 외환시장에서 달러를 엄청나게 사들였기 때문이다. 그 누군가가 누군지 모르는 사람은 없을 것이다.

물가를 포기하고 고환율로 회귀한 까닭은

왜 MB정부는 무리하게 외환시장에 개입하여 인위적으로 환율을 급등시켰을까? 1장과 2장에서 MB정부가 입으로는 "수출을 살려서 경제가 불황에 빠지는 것을 막아야 한다"라고 둘러대면서, 실제로는 수출 대기업들에 엄청난 이익을 안겨준 것이 고환율정책의 실체임을 밝혔다.

그러나 2010년 5월 전후의 상황은 사뭇 달랐다. MB정부 출범 직후부터 공격적으로 밀어붙였던 고환율정책의 부작용들이 심각하게 현실화되고 있었기 때문이다. 수출 대기업의 이익 증가만큼 국민들의 소득이 감소한 것은 MB정부의 관심 밖이었으니 차치하더라도, 물가 상승으로 인한 국민들의 고통은 참기 어려운 상황에 이르렀다. 여론조사마다 물가 고통을 호소하는 목소리가 높았고, 그런 불만이 MB정부에 대한 지지율 하락으로 이어졌다. 정치적으로도 고환율정책을 수정해야 할 상황이었다. 그랬기에 2010년 2월 8일 1171원이었던 환율이 4월 말 1100원까지 완만하게 하락했던 것이다.

그림 4-4 _ **코스피(2010. 1. 4~7. 21)**

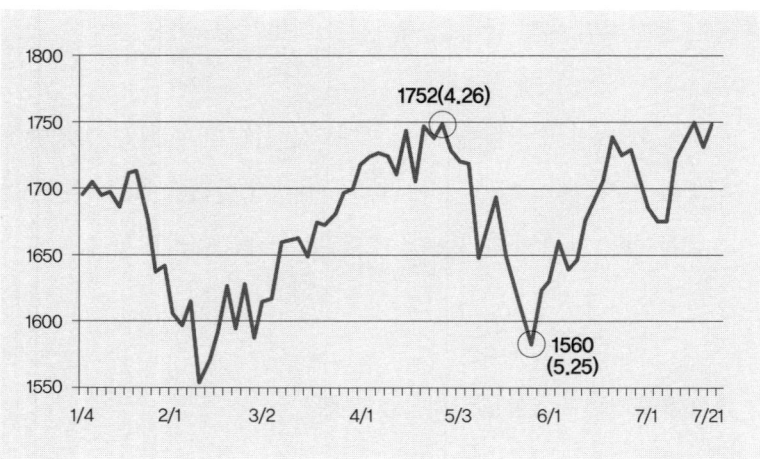

출처 : 한국거래소

그런데 왜 5월 초를 기점으로 갑자기 고환율정책으로 회귀했을까? 그것도 한 달 만에 150원이 폭등할 정도로 긴급한 이유가 있었을까? 그에 대한 해답은 주식시장에서 찾을 수 있다.

4월 26일 1752였던 코스피가 4월 말 급락했다. 북한과의 전쟁 위험이 중요한 이유 중 하나였지만 더 중요한 요인은 외국인의 매도였다. 그런데 외국인의 매도는 환율과 밀접한 관련이 있었다. 환율이 처음으로 1110원대에 진입한 4월 14일부터 3일간 외국인은 1200억 원을 매도했고, 1100원에 근접한 4월 26일부터 4일간 3400억 원을 매도했다. 환율이 1100원에 근접할 때마다 외국인은 주식을 매도하여 자금을 회수했던 것이다. 주가차익 외에도 환차익만 10% 이상 챙기며 이익 실현을 할 수 있었으니 그리 놀란 만한 현상은 아니었다.

국내 주식시장을 떠받쳐왔던 외국인들이 매도로 전환하자 정부는 긴장했을 것이다. 특히 5월 초 외국인의 대규모 매도로 주가가 폭락하자 이에 놀란 정부는 발 빠르게 환율을 급등시키고 그 수준을 유지함으로써, 외국인의 국내 증시 이탈을 막으려 했다.

당시 부동산 버블의 붕괴 징후가 곳곳에서 드러나고 있었는데, 외국인의 매도로 주가마저 급락하면 한국경제를 떠받치던 양대 버블이 일거에 붕괴될 수도 있었다. MB정부로서는 어떤 희생을 치르고라도 이런 상황만은 피하고 싶었을 것이다.

2010년 5월 1200원을 뚫고 급등했던 환율은 2011년 2월 초가 되어서야 다시 1110원대로 들어왔다. 그 8개월 동안 경상수지는 236억 달러 흑자였고, 외국인은 국내 주식 19조 원 그리고 채권 5조 원을 순매수했다. 440억 달러가 넘게 공급이 수요를 초과했음에도 불구하고 환율이 고공행진을 계속했던 것을 보면, MB정부가 국제투기자금을 국내 증시에 붙잡아둠으로써 주가 버블을 떠받치려는 의지가 얼마나 강했는지를 실감할 수 있다.

환율을 급등시켜 국제투기자금을 국내에 붙잡아두려는 MB정부의 작전은 2011년 9월에도 가동되었다. 국제투기자금의 '한국 탈출'이 일어나고 주가가 6일 만에 17%나 폭락하자 MB정부는 다시 한 번 환율에 기대보려 했다. 2011년 8월 1일 1050원이었던 환율이 9월 26일에는 1196원으로 14%나 급등했다. 두 달이 채 안 된 기간에 150원 가까이 오른 것까지도 2010년 5월과 흡사했다.

환율 급등의 주범으로 보수 언론들은 그리스 디폴트 위험을 지목했다. 그러나 그리스는 2010년 5월 IMF의 구제금융을 받음으로써 실질적인 디폴트를 맞았다. 그런데 1년도 더 지난 2011년 9월 그것을

그림 4-5 _ **원화 환율(2011. 3. 2~9. 30)**

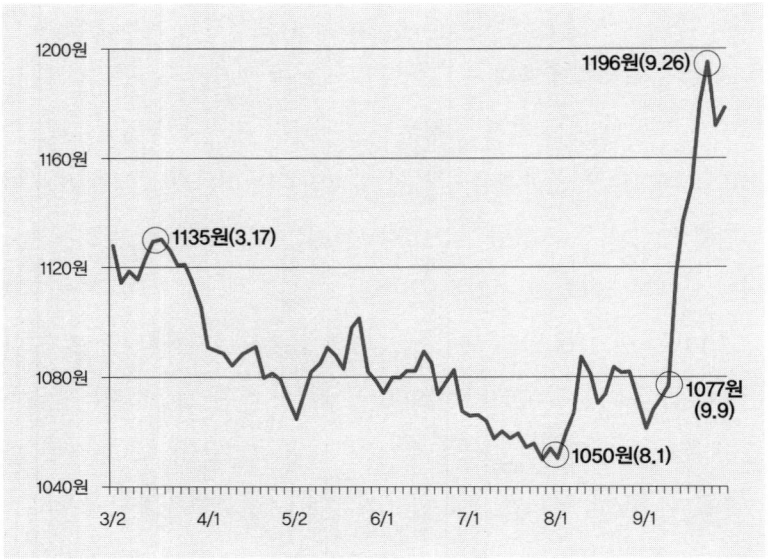

출처 : 한국은행

핑계로 환율을 146원이나 폭등시켰으니 참으로 어처구니없는 일이 었다.

    같은 기간 태국, 말레이시아, 인도네시아의 환율은 3~8% 상승하는 데 그쳤다. 우리나라보다 경제가 더 취약한 국가들보다 환율이 더 급등한 것은 시장원리로는 설명할 수 없다.

    환율 급등의 이면을 드러내줄 에피소드가 당시 벌어졌는데 이를 소개하면 이렇다.

    긴 추석 연휴가 끝난 9월 14일 환율이 별안간 1107원으로 30원이나 폭등했다. 그리고 다음날 국내 증권사들이 일제히 환율이 1200원 위로 오를 거라고 합창을 해댔다. 어느 증권사는 "그리스가 디폴트로

가면" 1600원 선까지 치솟을 수 있다고 공포 분위기를 조성했다. 재미있는 일은 그다음에 벌어졌다. 거래일로부터 불과 이틀 후인 9월 19일 경제를 책임진 장관이 국회의 국정감사에서 "그리스의 디폴트 확률이 98%에 이른다"라고 발언했다. 그 발언이 대대적으로 보도될 것을 모를 리가 없었을 테니, 환율 급등을 바라지 않고서야 어찌 그런 발언을 할 수 있었을까?

마치 입을 맞춘 것 같은 에피소드가 있고 나서 환율은 미친 듯이 급등했다. 추석 연휴 직전인 9월 9일 1077원이었던 환율은 9거래일 만인 9월 26일 1196원까지 뛰었다.

환율이 1600원까지 오를 거라던 증권사는 그 근거로 "2008년 금융위기 때와 상황이 같기 때문"이라고 했다. 그러나 이는 무지의 소치에서 나온 헛소리에 불과했다. 환율이 얼마나 급등할지를 결정할 가장 중요한 두 요소는 외환보유고와 금융기관의 단기외채다. 외환보유고는 2011년 8월 말 현재 3122억 달러로 2008년 9월 말의 2397억 달러보다 훨씬 많았고, 금융기관의 단기외채는 2011년 6월 말 현재 1151억 달러로 2008년 9월 말의 1462억 달러보다 훨씬 적었다. 게다가 2008년 말 환율 급등에 지대한 영향을 미쳤던 해외투자펀드의 손실 발생으로 인한 달러 매수도 존재하지 않았다. 2011년 9월에는 MB정부가 의지만 있었다면 환율을 1100원 아래에서 안정시킬 여건은 충분했다.

환율 폭등으로 국제투기자금의 한국 탈출을 막아보려는 MB정부의 얄팍한 환율 정책 말고는 2011년 9월 환율이 폭등한 이유를 찾을 수 없었다.

MB정부가 환율을 급등시켜 국제투기자금을 붙잡아두려는 작전이 이번에도 성공할까? 좀 더 두고 보아야 하겠지만 성공 가능성은 낮아 보인다. 2010년과 달리 전 세계적으로 머니게임이 종결되는 양상이기 때문이다. 2011년 8월 이후 세계경제와 금융시장의 리스크가 급격히 커지면서 투기 세력들은 위험자산을 모두 처분하고 있고, 미연방준비은행의 윤전기에서 쏟아져 나와 세계 각지로 흘러들었던 달러가 급격히 회수되고 있다. 그런 상황에서는 환율 수준을 불문하고 돈이 빠져나갈 가능성이 높다.

2012년 들어 외국인이 또다시 한국 주식시장에 대규모 자금을 쏟아붓고 있다. 경기침체의 충격을 줄인다는 명분으로 각국 중앙은행들이 밤낮 없이 윤전기를 돌려 유동성을 무제한 공급하자 사그라들던 머니게임의 불씨가 다시 살아나고 있다. 게다가 한국정부는 고환율을 유지하여 국제투기자금들에 어서 오라고 손짓을 하고 있으니 머니게임이 다시 한 번 불붙을 수도 있다. 그러나 경제와 괴리된 머니게임은 어느 날 갑자기 폭락으로 돌변할 수 있다는 사실을 2011년 8월 전 세계 증시가 보여주었다.

환율 급등으로 국제투기자금을 붙잡으려는 MB정부의 노력은 일정 부분 효과를 발휘했다. 환율을 급등시키자 외국인의 '한국 탈출' 속도가 다소 주춤해졌기 때문이다. 8월 1일부터 9월 26일까지 무려 6조 7449억 원을 순매도했던 외국인이, 환율이 1196원까지 치솟은 9월 27일부터 순매수로 돌아서더니 10월 한 달간 1조 원을 순매수한 것이다.

MB정부의 주식시장 버블 정책은 비단 국제투기자금의 유출을 막기 위한 노력에 그친 것이 아니었다. MB정부가 국제투기자금을 국내로 끌어들이는 데 쏟았던 노력을 돌아보면 가히 눈물겹다 아니 할 수 없었다. 그 눈물겨운 노력이 어느 정도였는지 다음 글에서 살펴보자.

본 # 03

주식 작전 코드명,
환율

2008년 하반기 미국에서 시작된 서브프라임 사태가 글로벌 금융위기로 비화되자 미국 정부는 두 가지 정책을 폈다. 대규모 재정적자와 무제한 돈 풀기였다.

미연방은행은 '양적 완화(Quantitative Ease)'라는 이름도 생소한 정책을 내세우며 밤낮으로 운전기를 돌려 달러를 찍어냈다. 돈을 풀면 실물경제가 살아날 거라고, 미연방은행 버냉키 총재는 큰소리쳤지만, 달러는 실물경제와 부동산으로 가지 않았다. 금융기관의 수중에 남아 있던 천문학적인 규모의 달러가 고수익을 찾아 흘러든 곳은 주식시장과 원자재 시장이었다. 금융기관들이 대대적인 투기에 나선 것이었다.

그 투기자금의 눈에 한국 주식시장은 어떻게 비쳤을까? 상장 제조기업 매출의 54%를 점하는 수출이 회복되고 있었고, 고환율 덕분에

그림 4-6 _ 아시아 국가의 환율 변동률(2007. 12. 31~2009. 4. 1)

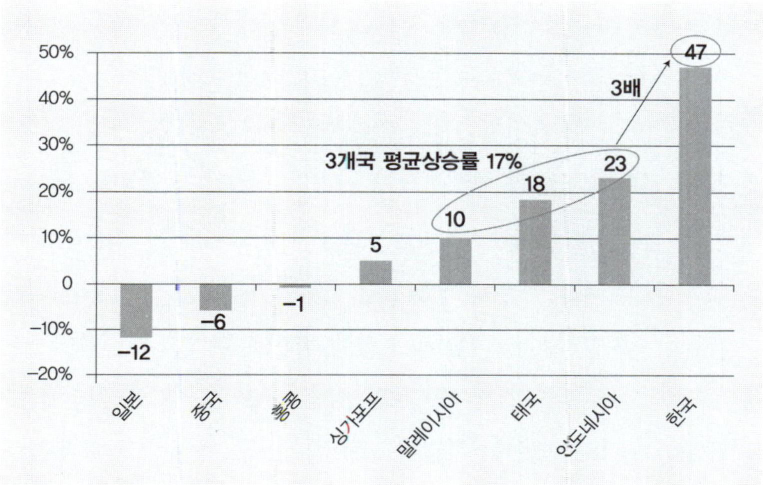

출처 : 한국은행

상장기업들의 이익은 더 크게 증가하고 있었다. 당연히 국제투기자금의 눈에 한국 주식시장은 좋은 먹잇감으로 비쳤을 것이다.

국제투기자금이란 단기성 자금들이다. '달러 캐리 자금'이란 말이 의미하듯 대출받은 달러 자금을 투자하는 것이니, 투기성 자금 중에서도 가장 투기성이 강한 자금들이다. 그러므로 환율이 급등할 위험이 있다면 주식시장이 아무리 먹음직해 보여도 쉽사리 덤벼들지 못한다.

국제투기자금이 한국으로 쏟아져 들어오던 2009년 4월 초의 환율 수준을 아시아 국가들과 비교해보면 원화가 얼마나 저평가되어 있었는지 실감할 수 있다. 2007년 말 936원이었던 환율이 2009년 4월 초에는 1380원까지 올랐으니 1년 4개월 만에 무려 47%나 폭등했다.

아시아 국가들 중 상승폭이 컸던 말레이시아, 태국, 인도네시아 3개국의 평균 상승률인 17%의 3배에 가까운 놀라운 상승률이었다.

환율 수준을 결정하는 가장 중요한 요소인 경상수지가 2009년 1분기 사상 최대 흑자를 냈고, 2분기에는 사상 최대 흑자를 또다시 큰 폭으로 경신했다. 경제 펀더멘털과 외환시장 수급 요인 등 경제 요인들은 모두 원화의 향방을 아래쪽으로 가리키고 있었다. 달러를 원화로 바꿔 투기에 나설 국제투기세력들이 보기에 최상의 투기 조건을 한국의 주식시장과 환율이 갖추고 있었던 것이다.

외국인들이 7개월 연속 한국 주식과 채권에 투기자금을 쏟아붓고 있던 당시 외국 언론의 기사를 보면 외국기관들의 시각을 확인할 수 있다. 2009년 10월 7일자 〈블룸버그 통신〉에 따르면 유럽 최대 투자은행인 스코틀랜드왕립은행(RBS)은 "원화 환율은 2010년 중반 900원으로 하락할 것"이라고 분석했다. 또 다른 유럽계 대형 투자은행인 크레디트스위스(CS)는 "원화의 펀더멘털이 강화되고 있다"며 "원화 환율이 단기적으로 1050원까지 내려가고, 2010년에는 1000원 이하로 떨어질 것"으로 전망했다. 또 다른 유럽계 대형 투자은행인 BNP파리바는 원화 환율이 2009년 말에는 1150원까지, 2010년 말에는 1050원까지 내려갈 것이라며 다른 투자은행에 비해 완만한 하락을 예상했다.

외국 투자은행들 사이에서 정도의 차이는 있지만 원화 환율이 하락 기조를 상당 기간 유지할 것이라는 게 컨센서스(consensus)였다. 바꿔 말하면 그들의 눈에는 당시 1200원대의 원화 환율이 비정상으로 보였던 것이다. 이런 사실을 모를 리 없는 MB정부는 고집스럽게 고환율정책을 밀어붙임으로써 국제투기자금의 무분별한 유입을 촉진했다. 그들이 가지고 들어오는 달러를 터무니없이 비싼 가격에 무한

정 사들였으니, 마치 국제투기자금을 향해 "비싸게 다 사줄 테니 달러를 얼마든지 가져오라"는 환영의 플래카드를 내건 셈이었다.

당시 주식과 부동산의 버블을 키우는 데 모든 경제 정책을 동원했던 MB정부의 의도로 미루어보건대, 거대한 국제투기자금의 국내 유입이 우려의 대상이 아니라 환영의 대상이었을 것이다. 국내 채권시장에 투자된 투기자금들도 결국 국내에 머물 것이므로 직간접적으로 주식과 부동산 버블을 키우는 데 일조할 것이 분명했다.

얼마나 많은 투기자금이 유입되었는지를 확인해보자. 금융감독원의 통계자료를 보면 국내 주식과 채권시장에 물밀듯 들어온 외국 자금의 규모가 일목요연하게 정리되어 있다.

2009년 4월부터 2010년 말까지 21개월간 외국인은 두 달을 제외하고 국내 주식을 순매수했으며, 순매수한 금액은 48조 원에 달했다. 이 투기자금들이 주가를 끌어올렸음은 물론이다.

2009년 3월 초 1000이었던 코스피는 2010년 말에 2051까지 치솟았다. 1년 9개월 만에 주가가 2배로 폭등한 것이다. 그 기간 동안 국내 주식형 펀드에서는 자금이 지속적으로 빠져나갔으니 주가 폭등은 오로지 국제투기자금의 힘에 의한 것이었다. MB정부의 '국제투기자금을 끌어들여 주식시장 버블 키우기 작전'은 대성공을 거둔 것처럼 보였다.

투기자금이란 국내 주식시장에 충격이 가해지거나 환율이 적정 수준까지 하락하면 재빨리 한국을 빠져나갈 돈들이다. 그러면 주식시장과 금융시장은 혼란에 빠질 것이고, 그들이 투기판에서 거둔 엄청난 이익은 고스란히 국내 투자자의 엄청난 손실로 귀결된다. 그러므

그림 4-7 _ **원화 환율과 외국인의 국내 주식 순매수**

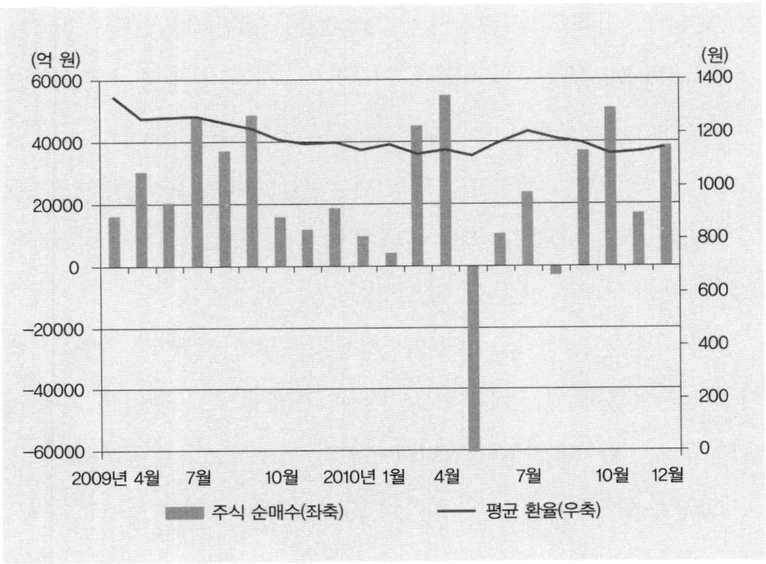

출처 : 한국은행, 금융감독원

로 투기자금은 막을 수 있으면 막는 것이 바람직한데도 MB정부는 일편단심 투기자금 유치에만 몰두했다.

IMF, "환율 개입하면 투기 세력 몰려온다"

투기자금의 위험성을 경고하고 그 자금의 무분별한 국내 유입을 막아야 한다는 목소리들을 일일이 소개하자면 끝이 없을 것이다. 그 가운데, 세계 금융시장 상황과 한국 경제를 가장 정확하게 파악하고 있던 IMF의 경고를 소개하겠다.

2010년 6월 IMF는 2주일간 한국 정부와 한국은행을 비롯한 경제정책 책임자들은 물론 한국개발연구원(KDI) 등 국책연구기관 고위직들과의 면담을 마치고, 7월 6일 '2010년 IMF의 한국에 대한 경제 정책 자문(2010 IMF Article IV Consultation with the Republic of Korea)' 결과를 발표했다. 그 자문을 통해 IMF가 한국 정부에 주문한 것은 두 가지였다. 첫째는 금리인상을 통한 통화정책의 정상화였고, 둘째는 외환시장 개입 중지였다. 그중 환율에 관한 내용만 인용한다.

환율을 시장에 맡기고 정부가 개입하지 않는 것도 출구전략의 필수요소다. 정부의 외환시장 개입은 과다한 급등락의 경우로만 제한해야 한다.
(중략)
국제자금의 불안정한 유출입이 한국 경제를 불안정하게 할 위험성 역시 중요한 관심사항이다. 한국경제와 금융이 세계경제로 이미 통합된 사실을 고려하면, 최근 새로 도입된 외환규제는 효과가 크지 않을 것이다. 자본시장이 개방되고 수출의존형인 **한국경제에 외환시장의 자율성이 아주 중요하다. 만약 그렇지 않으면 외국 투기세력이 환율이 한 방향으로 움직일 것에 투기하는 일어 벌어질 수 있다.**
끝으로 금번 위기로 수출에만 의존하는 개방경제의 위험이 노출되었다. 내수를 진작하는 것만이 그런 취약점을 보완할 것이다.

그러나 MB정부가 IMF의 경고를 무시하고 고환율정책을 그대로 유지했음은 물론이다. 2010년 4월 말 1100원이었던 환율이 외국 자금 유입과 경상수지 사상 최대 흑자 행진에도 불구하고 줄곧 1200원대를 유지했으니 말이다. 그동안 국제투기자금이 물밀듯 밀려든 것을 보면 당시 IMF의 사전 경고가 정확했음을 알 수 있다.

2009년 4월부터 2010년 말까지 국내 주식시장에 48조 원의 외국 자금이 밀려들었다. 채권시장에는 84조 원이 쏟아져 들어왔다. 이 132조 원의 자금은 대부분 달러를 차입하여 투기하는 국제투기자금들이었다. 그 투기자금들이 한국 주식시장에서 거대한 투기판을 벌인 가장 큰 이유는 '환율'이었다. 환율이 적정 수준을 과다하게 상회했으니 환차익을 거둘 가능성이 어느 곳보다 높았고, 고환율로 상장기업의 이익이 급증할 터이니 주가차익 또한 기대되었다. 그러므로 거대한 투기판을 기획·연출한 주인공은 사실 MB정부였던 것이다. 그리고 국제투기자금은 MB정부가 연출한 투기판에 주연으로 등장한 것이다.

국제투기자금이 한국 주식시장에서 벌인 거대한 투기판의 실체를 알고 나면 이런 궁금증이 솟구칠 것이다. '과연 국제투기자금들은 당초 의도한 대로 주식과 환율에서 엄청난 차익을 거두고 한국 주식시장을 유유히 빠져나갈 수 있을까?' 또한 이런 의문도 슬그머니 고개를 들 것이다. '국제투기자금만으로 거대한 투기판이 만들어질 수 있었을까? 국내 금융시장의 내부 요인들도 투기판 조성에 우호적이지 않았을까?' '국제투기자금이 투기판의 주연이었다면 조연은 누구였을까? 또 엑스트라는 없었을까?'

투기판이라면 으레 샘솟게 마련인 이런 호기심 어린 의문들의 대답을 찾는 것 역시 현재 진행형인 머니게임의 실체와 그 결말을 아는 데 중요할 것이다.

04

거대한 투기,
성공할까

'우리 시장은 우리가 지킨다.'

결연한 의지마저 느껴지는 이 문장은 외적의 침략에 저항하여 민초들이 궐기하자는 피 끓는 구호가 아니라, 2011년 8월 12일자 어느 증권사의 시황 보고서 제목이다. 그 내용을 보자.

외국인의 갑작스런 국내 주식 매도에 맞서 국내 증시의 구원투수를 자처하는 주체가 바로 연기금이다. 외국인이 8거래일 연속 매도세를 보이는 동안 연기금은 2.1조 원 상당의 주식을 사들이며 지수의 하방경직성을 높였다. 필자는 앞으로도 연기금의 영향력이 주식시장에서 지속적으로 확대될 것으로 보고 있다.

외국인의 대규모 매도 행진이 이어진 며칠 후 〈머니투데이〉는 '구원

투수 연기금, 급락 막았다'는 제목의 기사를 실었다.

> 18일 코스피 지수는 전날보다 32포인트 내린 1860으로 거래를 마쳤다. 코스피 지수는 장 막판 60포인트 가까이 급락하며 1830까지 밀렸다가 이후 낙폭을 줄여 1860선을 겨우 회복했다.
> 기관과 외국인의 동반 매도 공세로 아찔한 순간이 연출됐지만 연기금의 과감한 순매수로 위기를 모면할 수 있었다. 증권업계에 따르면 국민연금은 이날 3600억 원을 긴급 투입했다.
>
> 출처 : 〈머니투데이〉, 2011년 8월 18일

위 두 글의 요지는 외국인의 투매로 주식시장이 폭락하고 있으니 우리나라의 가장 큰손인 국민연금이 나서서 주가를 떠받쳐야 한다는 것이다. 실제로 국민연금을 비롯한 연기금은 주가 대폭락 기간 동안 2조 4410억 원을 증시에 쏟아부었다.

표 4-2 _ 8월 1일~18일 투자자별 매매 동향

외국인	연기금	개인
4조 7025억 원 순매도	2조 4410억 원 순매수	2조 3042억 원 순매수

출처 : 한국거래소

겉으로 보기에는 애국자연(愛國者然)하는 주장들로 들리지만 그 내면을 들여다보면 대단히 위험하고 국익에도 반하는 발상임을 금방 알아챌 수 있다. 왜냐면 외국인들이 국내 주식을 저가에 매수하여 고가에 매도하는데, 국민연금이 그 물량을 받아주자는 주장과 다름없기 때문이다. 더구나 외국인들은 환율이 1200원 이상일 때 국내 주식에 투자했으니 10%가 넘는 환차익까지 고스란히 챙기고 떠나는데 말이다. 외국투자자들은 꿩 먹고 알까지 먹고 떠나는데, 왜 국민연금이 나서서 그들에게 여비까지 보태준단 말인가?

위 신문이 "외국인의 매도로 아찔한 순간에 연기금의 과감한 순매수로 위기를 모면할 수 있었다"며 극구 칭송한 다음 날 코스피는 115포인트 폭락했다. 국민연금이 3600억 원이나 쏟아부어 힘겹게 받쳤던 주가가 바로 다음 날 대폭락했으니 국민연금은 하루 만에 220억 원의 손실을 입은 것이다. 국민연금의 손실을 대가로 외국인들만 더 비싼 가격에 주식을 팔 수 있었다.

표면적으로는 주식시장의 붕괴를 막기 위한 숭고한 결단처럼 보이지만 실제로는 외국투자자의 이익만 늘려주는 이런 경청한 일을 국민연금은 멀지 않은 과거에도 저지른 적이 있다.

2008년 9월 국민연금 2조 원 순매수의 내막

2007년부터 대거 매도로 돌아선 외국인들은 2008년에는 매도 강도를 더 높였다. 2004년 이전 싼 가격에 매집한 국내 주식의 차익 실현을 시작한 것이었다. 2007년 상반기에 수면 위로 모습을 드러낸 미국의 서브프라임 사태가 눈덩이처럼 커져갔고, 금융시장과 실물경제에 충격의 그늘을 진하게 드리우고 있었기 때문이었다.

당연히 국내 주가는 하락세를 지속했다. 그런데 2008년 9월 국민연금이 돌연 2조 원어치를 순매수했다. 그것도 리먼 브러더스가 파산

그림 4-8 _ **2008년 1~9월간 국민연금의 국내 주식 순매수**

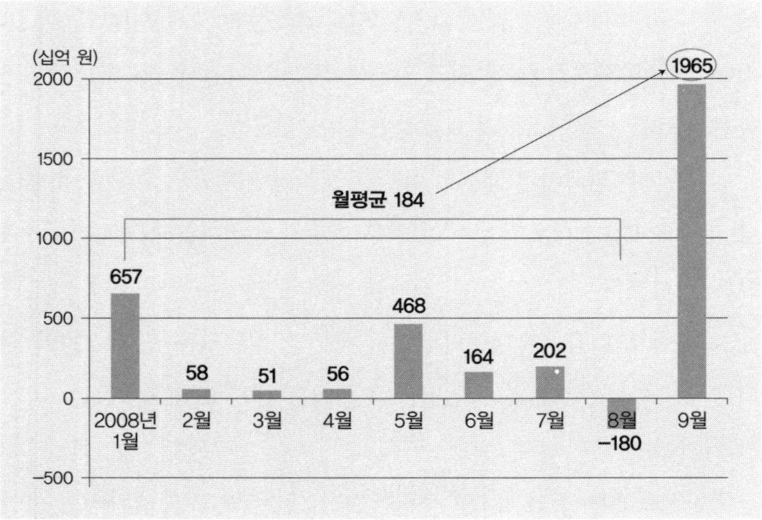

[그래프: 2008년 1월 657, 2월 58, 3월 51, 4월 56, 5월 468, 6월 164, 7월 202, 8월 -180, 9월 1965 (십억 원), 월평균 184]

출처 : 2008년 국감 자료

한 9월 15일 직전에 매수한 거였다. 국민연금의 공격적인 매수 덕분에 코스피는 잠시 1450을 상회하기도 했으나, 리먼 브러더스 파산 직후 전 세계 주식시장이 끝없는 나락으로 곤두박질치자 국민연금은 어마어마한 손실을 입었다.

2008년 9월 국민연금의 무모한 주식투자의 이면에는 정치적 이유가 도사리고 있었다. 당시 MB정부가 임명한 지 얼마 되지 않은 국민연금 이사장은 연일 "현재 17.5%인 주식투자 비중을 2012년까지 40%까지 제고하겠다"고 선언했고, 기금운용 본부장까지 교체했던 것이다.

당시 국민연금의 총자산이 230조 원이었으니, 4년간 51조 원을 국내 주식에 투자하겠다는 의미였다. 대통령이 선거 유세 기간 중 국민들에게 큰소리쳤던 "내가 대통령이 되면 주가지수가 5000 간다"는 무책임한 약속을, 국민의 노후자금 51조 원을 퍼부어 달성하겠다는 계산이 깔려 있었을지도 모른다. 만약 리먼 브러더스의 파산이 늦게 일어났더라면, 그래서 국민연금이 더 많은 돈을 주식투자에 쏟아부었다면 천문학적인 손실을 피할 수 없었을 것이다.

2조 원의 무모한 주식 떠받치기로 이익을 본 것은 외국투자자들뿐이었다. 미국의 서브프라임 사태가 날로 심각해지고 있었기에 그들은 신흥국가에 대한 투자를 회수하는 중이었는데, 이를 국민연금이 비싼 가격에 사주었던 것이다.

혹시 이런 반론을 제기할 사람이 있을지 모르겠다.

"글로벌 금융위기 직후 전 세계 주식시장이 대폭락했으나, 불과 6개월도 되지 않아 주가가 반등하기 시작했다. 코스피는 2009년 7월 1400을 상회하여 2008년 9월 국민연금이 매수했던 가격대를 회복했다. 이유야 어찌 되었건 결과적으로는 국민연금이 주식투자로 이익을 본 것이다."

그러나 현실은 그와는 완전히 다르게 전개됐다. 국민연금이 다수의 전문가들과 언론의 강한 비판에도 불구하고 무모하게 주식을 매수하자마자 주가가 폭락했으니 가슴이 철렁했을 것이다. 다행히 떠났던 외국인들이 돌아오고, 주가는 반등하기 시작했다. 2008년 9월 주식 매수를 실행했던 책임자들로서는 뒤에 있을 책임추궁을 벗어날 절호의 기회라 여겼음직하다. 국민연금이 주식을 대거 팔기 시작했기 때문이다. 2009년 4월 연기금은 유가증권시장에서만 2조 원이 넘는 주식을 매도했다. 그달의 평균 코스피는 1322였다. 2008년 9월 정치적

그림 4-9 _ 2009년 연기금의 월별 주식 순매수 금액과 평균 코스피

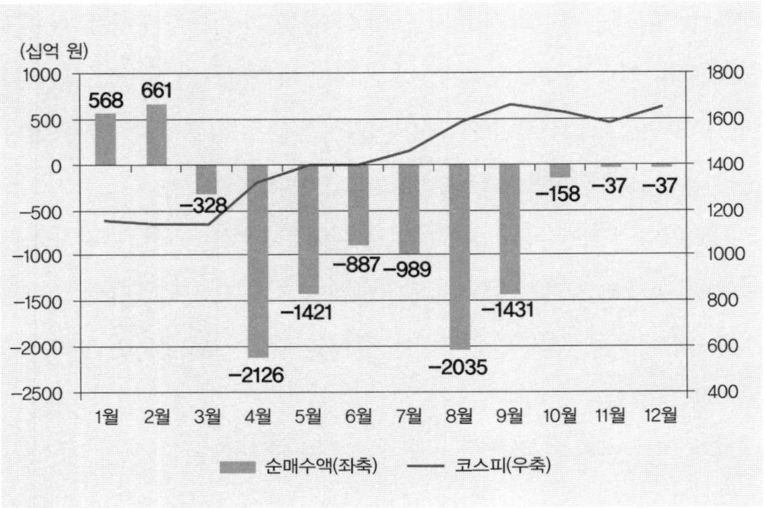

```
(십억 원)
1000                                                           1800
        568  661
 500                                                           1600

   0                                                           1400
                -328                              -158 -37 -37
-500                                                           1200

-1000                       -887 -989                          1000
                    -1421              -1431
-1500                                                          800

-2000                                                          600
                  -2126          -2035
-2500                                                          400
        1월 2월 3월 4월 5월 6월 7월 8월 9월 10월 11월 12월
              ▇ 순매수액(좌축)   ─── 코스피(우축)
```

주 : 유가증권시장의 순매수 금액임.
출처 : 한국거래소

이유로 무모하게 매수했던 것보다 훨씬 낮은 가격이었다. 그 이후에도 국민연금을 비롯한 연기금은 국내 주식을 무차별적으로 매도했다. 2009년 4월부터 9월까지 6개월간 무려 9조 원어치의 주식을 팔아치웠다. 평균 매도가격을 코스피로 환산하면 1470이었다.

 결과적으로 큰 손실을 입지 않았으니 다행이라고 생각할 수도 있으나, 그것은 대단히 어리석은 짓이었다. 글로벌 금융위기라는 거대한 리스크를 피하고자 외국인들이 모든 주식을 팔아치울 때 국민연금이 이를 받아주었고, 미연방은행이 달러를 무제한 찍어내어 그 돈으로 투기 세력이 주식을 매집해 들어갈 때 그들에게 주식을 넘겨주었으니 말이다. 그러므로 국민연금은 글로벌 금융위기가 정점으로 치

달아 주식투자의 리스크가 가장 컸던 기간 동안 외국투자자들을 대신해 그 리스크를 고스란히 떠안았던 것이다. 만약 국민연금이 금융위기 발생 이후 주가가 충분히 하락했을 때 주식을 매수했다면 그렇게 서둘러 팔지는 않았을 것이다.

연기금, 사상 초유의 순매수 행진

연기금이 지난 달 10일부터 12월 21일까지 30거래일째 순매수를 지속하면서 주가를 끌어올리고 있다. 30거래일간 순매수는 사상 최장 순매수 기록이다.

출처 : 〈뷰스앤뉴스〉, 2011년 12월 21일

2011년 8월 이후 전 세계적인 머니게임이 끝나가면서 국제투기자금이 국내 주식시장을 대거 빠져나갈 때, 국민연금은 2008년 9월의 어리석은 전철을 또다시 밟고 있었다. 아니, 이번에는 이전과 비교할 수 없을 정도로 규모가 커졌으니 그 어리석음을 말로 다 표현하기 어렵다. 2011년 8월부터 12월까지 5개월간 외국인은 국내 주식을 9조 3000억 원어치 순매도했다. 세계경제와 금융시장의 리스크가 급증하고 있으니 서둘러 투기장을 빠져나가려는 것이었다. 더구나 투기자금의 대부분이 차입한 돈이었으니 가격을 따지지 않고 일단 투기에서 발을 빼는 것이 급선무였다. 이 정도의 공격적인 매도라면 주가는 바닥을 모르고 폭락을 지속하는 것이 당연했다.

그런데 국내 주가는 외국인의 공격적인 매도에도 불구하고 의외로 강한 탄력을 유지했다. 다름 아닌 연기금의 등장이었다. 연기금은 8월 이후 12월까지의 5개월간 9조 원어치의 국내 주식을 사들였다. 연기금의 평균 매수가격을 코스피로 환산하면 1855였다. 2009년 4~9월의 6개월간 9조 원어치의 주식을 코스피 1470에 외국인에게 넘겨주더니, 2011년 8~12월 5개월간 똑같은 금액의 주식을 26%나 더 비싼 코스피 1855에 외국인으로부터 다시 사들였다. 국민연금을 비롯한 연기금이 국제투기자금의 매물을 고스란히 받아주었으니 주가는 하락을 멈추었고, 투기자금은 마음 놓고 주식을 처분할 수 있었다.

그림 4-10 _ **외국인 순매수 금액과 코스피**

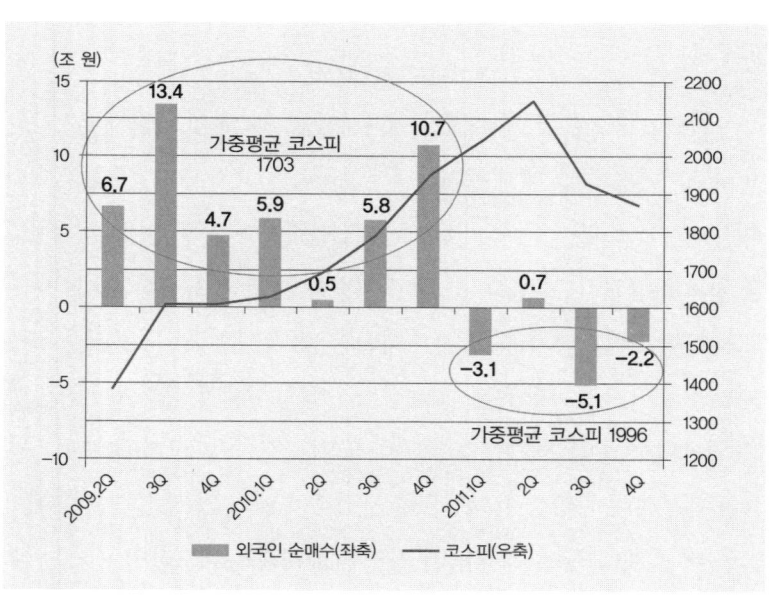

출처 : 금융감독원

〈그림 4-10〉은 2009년 4월 이후 분기별 외국인의 순매수금액과 코스피를 보여준다. 외국인이 집중적으로 국내 주식을 매수한 2009년 2분기와 3분기의 평균 코스피는 각각 1385와 1607이었다. 2009년 4월부터 2010년 말까지 외국인이 순매수한 48조 원어치 국내 주식의 평균 매수 가격을 코스피로 환산하면 1703이었다.

  2011년 들어 외국인은 순매수 행진을 멈추고 매도로 돌아섰다. 1분기 3조 1000억 원을 순매도했는데, 코스피는 평균 2039였다. 엄청난 차익을 챙기면서 외국인이 국내 주식을 매도하기 시작한 것이었다. 8월 초 국제투기자금의 한국 탈출이 본격적으로 전개되자 주가가 단 6거래일 만에 17%나 폭락했으나, 그들이 매수한 가격보다는 여전히 높은 수준이었다. 외국인이 9조 3000억 원을 순매도한 2011년 8월부터 12월까지 5개월간의 평균 코스피는 1854였으니, 그들은 주식에서만 10%의 차익을 챙길 수 있었다.

  국제투기세력들이 한국 주식시장에서 벌였던 거대한 투기는 성공적으로 마무리되고 있다. 통탄스럽게도 그 투기를 성공으로 이끈 주역들은 바로 국민연금을 비롯한 연기금이었다. 연기금이 국민의 노후자금을 쏟아부어 든든하게 받쳐주고 있으니, 국제투기자금들은 높은 가격에 주식을 처분하여 이익을 챙겨서 한국을 떠나고 있는 것이다.

05

지상 최대
머니게임의 시나리오

2011년 8월 이후 국제투기자금이 국내 주식을 팔아 차익을 실현할 때 그 매물을 받아준 곳이 국민연금뿐만은 아니었다. 앞에서 보았듯이 주가가 대폭락한 8월 1일부터 18일까지 외국인이 순매도한 4조 7025억 원어치의 주식을 연기금과 개인이 각각 2조 4410억 원과 2조 3042억 원어치씩 사들였다.

주가지수가 폭락을 거듭하고 있지만 증시에 뛰어드는 개인투자자들은 급증하고 있다. (중략)
22일 금융투자협회에 따르면 18일 기준 증권 활동 계좌는 1861만 4786개로 사상 최대치다. 이달 들어서만 12만 2786개가 늘어난 것으로 하루 평균 9445개가 증가한 셈이다. 지수 하락폭이 컸던 2~9일 활동 계좌가 크게 늘어난 점으로 미뤄 하락폭이 큰 우량주를 사두면 큰돈을 벌 수 있다고 판단한 투자자들이 많았던 것으로 보인다. **2008년 금융위기에서 얻은 학습효과다.**

출처 : 〈동아일보〉, 2011년 8월 23일

마지막 문장이 흥미롭다. '2008년 금융위기의 학습효과'라며 개인들이 공격적인 투자로 위험을 감수하면 후일 큰돈을 벌 수 있을 거라는 은근한 부추김이 담겨 있다.

외국인이 파는 주식을 개인들이 공격적으로 사들인 데에는 일부 언론의 부추김 외에도 증권사와 은행들의 공격적인 마케팅이 큰 기여를 했다. 8월 한 달간 주가가 폭락하는 중에, 필자가 거래하는 은행으로부터 주식투자를 권유하는 문자 메시지가 쉴 없이 수신되었다. 그중 몇 개를 보면 이런 내용들이다.

- 삼성전자 원금보장형 ELS, 최고 연 20.5%, 선착순 판매 (코스피 2121p)
- 프리미엄 전용 지수연동 특판예금, 오늘 하루만 판매합니다 (코스피 1817p)
- 지수형 ELS 투자적기! 6개월 조기상환 시 9.68%, 최장 3년 시 34% (코스피 1840p)
- KOSPI200 월이자지급식 ELS 연 8.04% (코스피 1867)

개인들은 주식형 펀드에도 돈을 쏟아부었다. 2011년 8월에서 12월까지 5개월간 국내 주식형펀드는 8조 원이 늘었다. 주가가 폭락하는

그림 4-11 _ **투자주체별 투자 동향(2011. 8~12)** (단위 : 조 원)

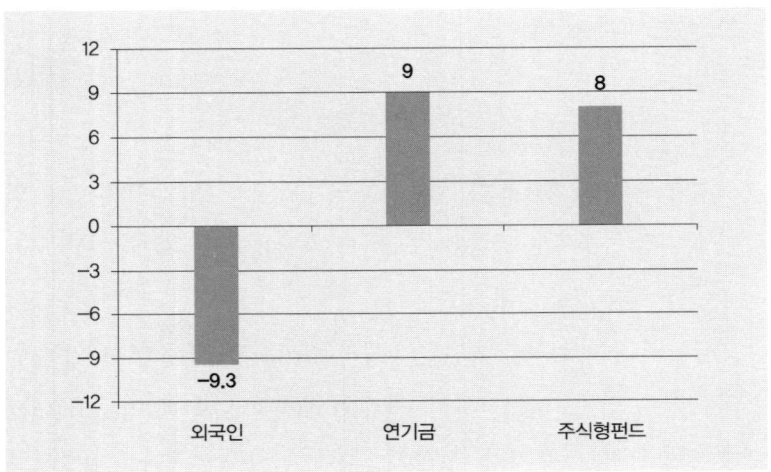

* 외국인은 순매도, 연기금은 순매수, 주식형펀드는 순유입 금액임.
출처 : 금융감독원, 한국거래소

5개월 동안 외국인은 무려 9조 3000억 원어치를 팔았는데, 연기금과 주식형펀드를 통한 개인의 매수는 이보다 2배가량 많았다. 외국인이 파는 주식을 국민연금을 포함한 연기금과 개인들이 모두 받아주었던 것이다.

주가가 무섭게 폭락하는데도 개인들이 두려움 없이 주식계좌를 늘리고, 주식형펀드에 뭉칫돈을 넣고, 또 은행과 증권사의 공격적인 마케팅에 호응한 것은 조만간 주가가 다시 상승할 거라는 믿음이 있었기 때문이다. 그리고 그런 믿음은 위 신문기사의 내용처럼 일정 부분 '2008년 금융위기의 학습효과'이기도 했다.

그러나 이런 개인투자자들의 판단은 주식시장의 본질을 보지 못하는 데서 오는 오판일 가능성이 아주 높다. 금융위기 이후 주가가 2년

6개월 동안 상승할 수 있었던 것은 유동성의 힘이었다. 즉 미연방은행의 달러 찍어내기를 비롯한 전 세계 국가들의 돈풀기에 의해 거대한 머니게임이 벌어진 것이었다.

2011년 8월 주가 대폭락은 돈의 힘에 의해 벌어진 머니게임의 종말을 알리는 신호였다. 머니게임이 끝나는 시점에서 투기판에 뛰어드는 것처럼 위험한 일도 많지 않을 것이다.

주가 수준을 비교해보아도 지금 시점에서 주식투자에 나서는 것이 얼마나 위험한지 알 수 있다. 2008년 금융위기 직후 코스피는 단기간에 900까지 폭락했다. 2011년 8월 주가 대폭락 이후 코스피는 1800이었다. 17%가 폭락했지만 금융위기 직후와 비교하면 여전히 2배가 넘는 가격이었다.

무엇보다 코스피의 급등을 이끌었던 국제투기자금들은 1800 수준에서도 주가차익은 물론 10%가 넘는 환차익까지 누릴 수 있으니 미련 없이 주식을 던질 가능성이 높다.

국민연금과 개인들, 국제투기자금의 매물을 받아주다

개인투자자들이 큰돈을 주식투자에 쏟아부을 수 있는 근본적인 이유는 시중에 돈이 많기 때문이다. 이는 한국에서 다른 어느 국가들보다 더 큰 머니게임이 전개될 수 있었던 요인이기도 하다. 지난 2년여 동안 자주 듣던 이 말을 떠올려보면 알 수 있다.

"시중에 돈이 많이 풀렸다. 실물경제가 나쁘니까 돈이 갈 곳이 없다. 그러므로 주식과 부동산 시장으로 돈이 들어올 것이고, 결국 주

그림 4-12 _ **통화량 증가액**   (단위 : 조 원)

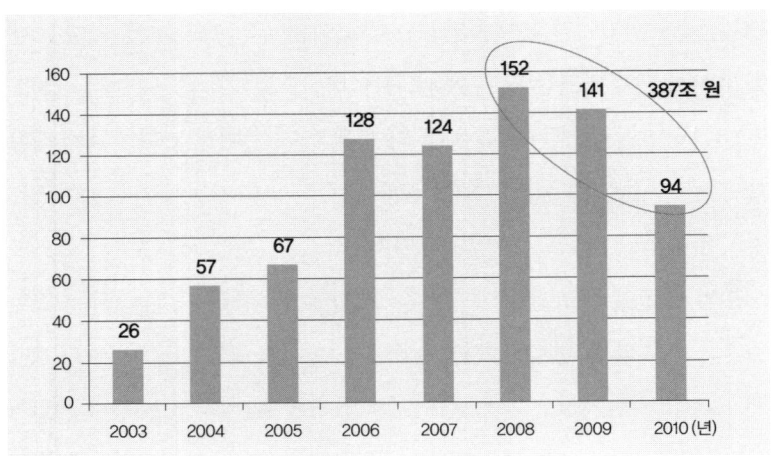

출처 : 한국은행

식과 부동산이 오를 것이다."

시중에 돈이 얼마나 많이 풀렸는지는 통화량 증가를 보면 알 수 있다. 통화량이 바로 유동성을 나타내기 때문이다. 2004~2005년에 연평균 62조 원 증가했던 통화량이 2006~2007년에는 연평균 126조 원 증가하여 증가액이 2배로 뛰었다.

놀라운 것은 금융위기가 터진 2008년 이후다. 2008~2009년에는 금융위기 이전보다 통화량이 더 크게 증가했으니 '한국에 과연 금융위기가 발생하기는 한 것인가' 하는 의문을 자아내기에 충분했다. 2010년에도 94조 원이나 증가하여 2004~2005년보다 통화량이 더 많이 증가했다. 금융위기 이후 3년간 증가한 통화량이 모두 387조 원에 달했다. 2008년 말 주식시장 시가총액이 623조 원이었으니, 시가총액의 62%에 달하는 금액이었다.

국제투기자금이 보기에 한국은 거대한 투기판을 벌이기에 더없이 좋은 조건을 갖추고 있었다. 그들이 투기에 성공하기 위해서는 두 가지 조건이 필요했다. 자신들이 투기를 벌이고 나면 따라 들어올 풍부한 자금이 첫째 조건일 것이다. 그래야만 오를 대로 오른 주식을 마음껏 털고 빠져나갈 수 있을 테니까.

또 다른 조건은 주가 상승을 정당화시킬 명분일 것이다. 한국의 고환율은 시가총액의 절반 이상을 차지하는 수출 대기업의 이익을 경이로운 수준으로 올려주었다. 이를 근거로 국내 증권사들은 "국내 주식의 밸류에이션(valuation)이 낮으므로 코스피 3000도 문제없다"고 호기롭게 외쳤다. 그뿐 아니라 환차익까지 거둘 수 있었으니 이처럼 완벽한 투기판의 조건을 찾기도 쉽지 않았을 것이다.

거대한 투기판의 시작부터 완결까지 완벽한 시나리오를 짠 국제투기자금이 밀려들었고, 주가는 급등을 지속했다. 3년간 387조 원이 시중에 풀렸고 은행금리는 낮았으니 풀린 돈의 상당액이 부동산과 주식시장으로 흘러드는 것은 예정된 수순이었다. 그 돈들이 국제투기자금, 국민연금과 합세하여 거대한 머니게임을 펼쳤던 것이다.

한국 주가, 전 세계 최고의 상승률 기록

한국에서의 머니게임이 다른 어느 국가보다 더 거대했던 사실은 수치를 통해 확인할 수 있다. 머니게임의 크기는 버블의 크기로 알 수 있으므로 금융위기 이후 각국의 주가가 얼마나 올랐는지를 비교해 보자.

그림 4-13 _ **금융위기 이후 국가별 주가 변동률(2008. 9. 1～2011. 8. 31)**

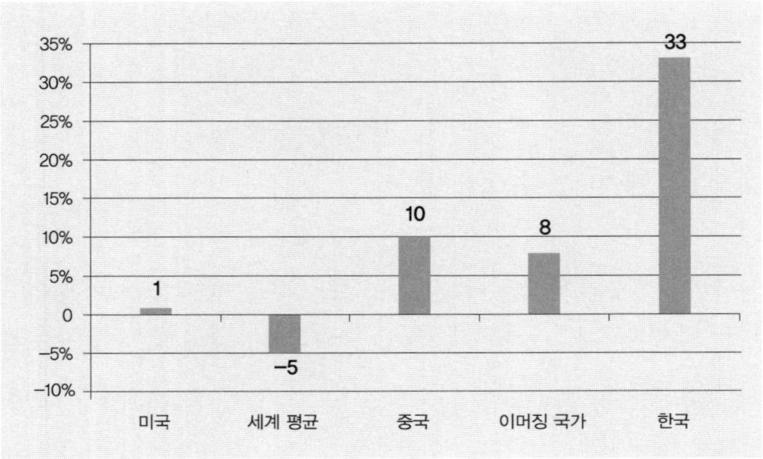

출처 : 한국거래소, 금융감독원

비교 시점을 2008년 9월 1일로 잡은 것은 그때가 리먼 브러더스의 파산 직전이기 때문이다. 즉 글로벌 금융위기 직전과 비교함으로써 각국 주식시장에서 금융위기 이후 펼쳐진 머니게임의 강도를 알기 위함이다.

비교 결과는 누구의 눈에도 뚜렷이 읽힌다. 미국 다우지수가 1% 상승했다. 당시 미국 주식시장은 글로벌 금융위기에서 가까스로 벗어난 상태였다. 전 세계 주가 평균은 5% 하락하여 아직 금융위기의 여파를 벗어나지 못하고 있었다. 그런데 코스피는 무려 33%나 상승했다. 주가 대폭락을 겪고 난 이후인 2011년 8월 31일의 주가 수준인데도 그렇다.

경제성장률이 세계 최고를 유지하고 있는 중국과 비교해도 놀랍다. 상해지수가 10% 상승했는 데 비해 코스피는 그보다 3배나 더 올랐으니 말이다. 그리고 이머징 국가 평균 상승률 8%보다 4배나 더 올랐다.

이처럼 상식으로는 이해가 안 갈 정도로 주가가 급등한 이유는 딱 하나다. 한국의 주식시장에서 가장 뜨거운 머니게임이 벌어진 것 말고는 다른 이유를 찾을 수 없다. 그 원동력은 다른 국가들보다 더 급증한 국내 유동성이었다. 물밀듯 밀려든 국제투기자금이 만든 투기판에 국내에 넘치는 돈들이 가세했으니 전 세계에서 가장 뜨거운 투기가 벌어진 것이다.

투기의 주연인 국제투기자금들은 판돈을 회수하여 투기판을 떠나고 있다. 그런데 뒤늦게 투기판에 뛰어든 국민연금과 개인투자자들은 그들이 던지는 주식을 하염없이 받아주고 있다. 버블은 필연적으로 붕괴되게 마련이고, 버블 붕괴 이후 국민연금과 개인들이 겪을 피해는 실로 처참할 것이다.

혹시 국내의 풍부한 유동성으로 국제투기자금의 매물을 모두 받아내고 다시 상승세로 돌아설 거라는 기대를 가진 사람이 있을지도 모르겠다. 그러나 유동성 증가의 메커니즘을 안다면 그런 기대를 하지 않을 것이다. 지난 3년간 국내 유동성이 왜 급증했는지, 그것이 국내 주식과 부동산 시장에 어느 정도 기여했는지, 또 유동성이 무한정 증가할 수 없는 이유가 무엇인지, 그리고 향후 국내 유동성이 어떻게 될지를 알고 싶은 독자라면 필자의 졸고 《주식과 부동산, 파티는 끝났다》를 읽어보기 바란다.

결론만 짧게 말하면, 국내 유동성 증가가 한계에 달했고, 증가 사이클이 꺾이기 시작했다. 필자가 이름 붙인 '유동성 파티'가 끝나가고 파티 비용을 지불할 시점이 코앞에 와 있다. '유동성'이 주가의 상승 요인으로 작용하던 시대가 막을 내리고, 위험 요인인 시대가 도래한 것이다.

주식에 대한 이론적 지식이 상당한 사람들 중에는 이런 생각을 하는 사람도 있을 것이다. '한국의 펀더멘털, 즉 기업 이익은 강하다. 그러므로 한국 주식시장은 다른 국가들과 달리 조만간 상승 추세로 복귀할 것이다.'

그들은 2009년과 2010년 경이로운 기업 이익 증가를 그 증거로 제시할 것이다. 그러나 그들이 미처 생각하지 못한 중요한 사실이 있다. 지난 2년간 한국 상장기업들의 이익이 놀랍게 증가한 원천이 바로 환율이었다는 사실이다. 다음 글에서 자세한 이야기를 하도록 하겠다.

06

한국 주식시장의
펀더멘털은

8월 코스피 밴드는 2050~2250p 수준이다. 코스피 2050p 선은 당사 실적추정치 기준 12개월 예상 PER 9.5배 지점이며, 2250p 선은 12개월 예상 PER 10.5배 수준의 가격이다.

(중략)

지금까지의 내용은 한마디로 주식을 사야 한다는 것이다. 이제부터는 시장에 대한 두려움보다는 기대를 가지고 접근해야 한다. (중략) 결국 연말에는 우리가 생각하는 코스피 목표치 2400을 경험할 것으로 기대한다.

출처 : 어느 증권사 투자 전략, 2011년 8월 5일

2011년 8월 초 대폭락이 3일째 진행되어 코스피가 2018로 마감한 다음날 어느 증권사의 투자 전략이다.

결과적으로 예상이 틀리긴 했지만 위 투자 전략의 핵심은 '기업 이

익에 근거하면 적정주가는 2050이 하한선이다'라는 것이다. 그러므로 외부 충격에 의해 일시적으로 주가가 급락할 수는 있지만, 길게 보아 그 충격이 해소되면 2050으로 복귀할 것이라고 전망하고 있다.

주식투자자들이 자주 듣는 용어 중에 '펀더멘털'이란 말이 있다. 흔히들 '경제적 요인'이라고 생각하는 사람이 많을 텐데, 정확하게는 '기업 이익'을 의미한다. 경제성장률이 높아지면 주가가 상승하는데, 이는 성장률이 높아지면 기업 이익이 증가하기 때문이다. 만약 어느 기업이 경제성장률이 높은데도 이익이 감소한다면 그 기업의 주가는 하락할 가능성이 크다. 금리 하락 역시 기업 이익 증가라는 경로를 통해 주가 상승에 기여한다. 금리 하락은 기업 이익 증가 외에도 시중 유동성을 증가시키므로 전체 주식시장의 활황을 불러오기도 한다.

이처럼 주가를 움직이는 양대 축은 '기업 이익'과 '유동성'인데, '기업 이익'을 달리 '펀더멘털'이라 부르기도 하고, '유동성'을 '수급'이라 부르기도 한다.

그러므로 증권회사들이 적정 주가지수를 전망할 때는 먼저 상장기업들의 순이익을 예상한 다음, 거기에 적정 주가수익률, 즉 PER을 곱하여 산정하곤 한다. 위 증권사도 2011년 상장기업의 이익을 추정하여 거기에 역사적으로 평균 PER 수준인 9.5배를 곱해 2050을 주가지수 하한선으로 제시한 것이다.

금융 이론에서 적정 주가를 산정하는 방법을 살펴보면 기업 이익이 중요한 것을 알 수 있다. 가장 널리 사용되고 있는 현금흐름할인(Discounted Cash Flow) 이론을 살펴보자.

$$EV = \frac{FCF_1}{1+r} + \frac{FCF_2}{(1+r)^2} + \cdots + \frac{FCF_n}{(1+r)^n}$$

EV : 기업 가치

FCF_1 : 1차연도 잉여현금흐름   FCFn : n차연도 잉여현금흐름

r : 장기기대수익률

$\frac{FCF_n}{(1+r)^n}$: n차연도 잉여현금흐름의 현재가치

공식이 대단히 복잡해 보이지만 핵심내용은 아주 단순하다. 기업 가치를 결정하는 것은 기업이 미래 창출하는 잉여현금흐름(Free Cash Flow)이라는 사실이다.

잉여현금흐름이라는 용어가 대부분의 사람들에게는 생소한데, 이것과 유사한 개념이 '기업의 순이익'이다. 그러므로 위의 금융 이론을 이렇게 바꿔 말할 수 있다.

'기업이 미래에 창출할 이익의 크기가 기업 가치를 결정한다.'

그리고 기업 가치를 발행주식수로 나눈 것이 주가이므로 적정 주가를 결정하는 것 역시 기업의 미래 이익이 된다.

기업의 미래 이익이 적정 주가를 결정한다

사실 금융 이론을 들먹일 필요도 없이 기업 이익이 주가를 결정하는 가장 중요한 요소라는 것은 누구나 알고 있는 상식이다. 그러므로 위 증권사의 예상대로 코스피가 2050선으로 복귀하고 또 2400을 경험하게 될지 아닐지도 기업 이익에 의해 결정될 것이다.

그림 4-14 _ 2008~2010년 상장기업의 실적 변동률

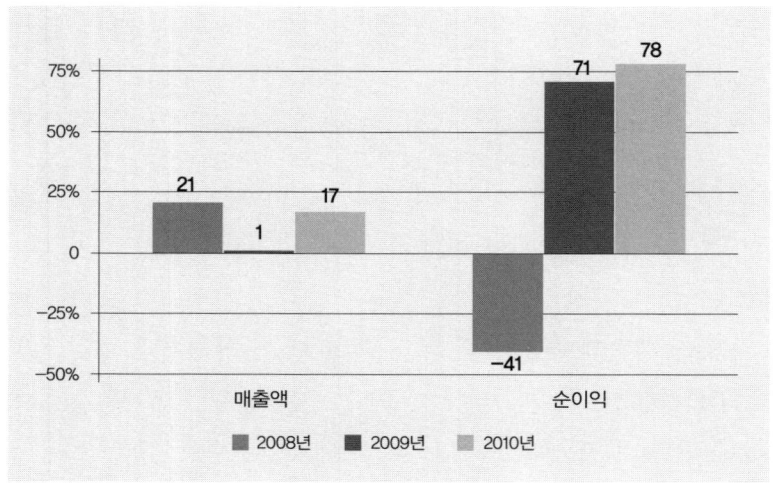

* 금융업을 제외한 12월 결산 상장기업 전체 실적의 전년 대비 증가율임.
출처 : 한국거래소

　주가를 움직이는 가장 중요한 요소인 기업 이익이 어떠했는지 살펴보자. 한국거래소가 집계하여 발표한 '유가증권시장 12월 결산법인 2009년 및 2010년 영업 실적'은 매우 놀라운 사실을 보여준다.
　'금융업을 제외한 12월 결산법인의 2009년도 실적은 매출 1.1% 증가, 영업이익 4.1% 증가, 순이익 71% 증가였다. 2010년도에는 매출 17% 증가, 영업이익 43.4% 증가, 순이익 78.2% 증가를 기록했다.'
　2009년 세계경제는 몇십 년 만의 대불황에서 벗어나기 위해 발버둥쳤고, 기업들의 영업 환경은 극도로 악화되었다. 그런데도 매출이 증가하고 이익은 급증했다. 금융위기가 정점으로 치닫던 2008년 기업 이익이 크게 감소했던 것을 감안해도 놀랄 만한 이익 증가다. 더욱이 2010년에는 더 큰 폭으로 이익이 증가했으니 벌린 입이 다물어지지

않는다.

주식시장의 펀더멘털을 의미하는 기업 이익이 지난 2년간 놀라울 정도로 증가한 것이다. 그러니 한국 주식시장의 펀더멘털은 탄탄하다고 말할 수 있을까? 그리고 기업 이익에 근거해 산정한 적정 주가지수 2050~2250은 적정한 수준일까?

기업 이익을 토대로 적정 주가를 산정할 때 간과하기 쉬운 사실이 하나 있다. 그것은 적정 주가를 결정하는 것이 '기업의 미래 이익'이라는 사실이다. 앞에서 나온 현금흐름할인 이론도 '미래 이익의 크기가 현재 주가를 결정한다'고 했다.

그러므로 지난 2년간 기업 이익이 아무리 크게 증가했어도 미래 이익이 크게 하락할 요인이 잠재되어 있다면 주가는 하락할 것이다. 이와는 반대로 과거 기업 이익은 낮았어도 미래 기업 이익이 크게 증가할 것으로 예상된다면 주가는 상승한다.

따라서 위 증권사가 제시한 2050~2250의 주가지수가 적정한지 아닌지를 판단하기 위해서는 상장기업의 미래 이익이 어떨지를 내다보아야 한다.

상장기업 순이익이 2011년 10%, 2012년 17% 증가할까

상장기업들의 이익은 향후 어떤 방향으로 움직일까? 위 증권사는 또 다른 투자 전략 보고서에서 상장기업들의 순이익이 2011년 10% 증가하고 2012년에는 17% 증가할 것으로 추정했다. 이 추정을 토대로 코스피 2050~2250선을 목표지수로 제시한 것이다. 과연 상장기업

그림 4-15 _ **삼성전자의 매출액 및 순이익** (단위 : 조 원)

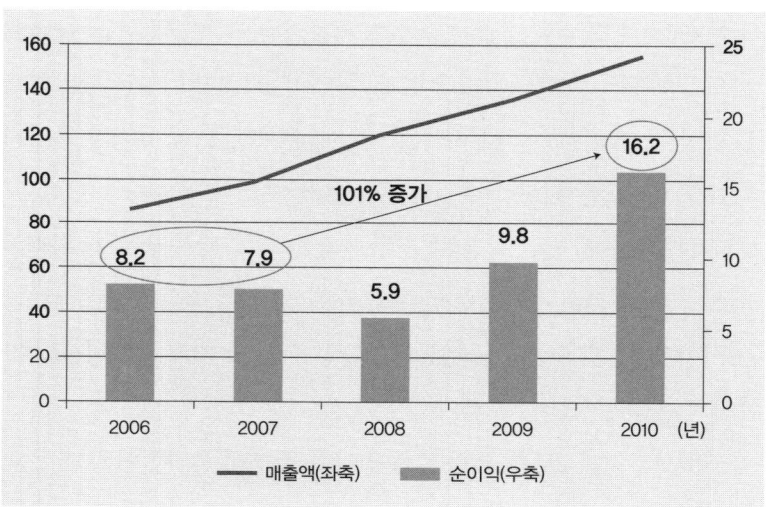

출처 : 한국거래소

순이익이 2011년 10%, 2012년 17% 증가할 가능성이 어느 정도일까?

이에 대한 해답을 찾기 위해서 먼저 2009년과 2010년 상장기업의 경이로운 이익 증가가 어떻게 가능했는지를 알아보자. 1장에서 분석했던 삼성전자의 사례를 보면 그에 대한 해답을 알 수 있다. 삼성전자는 2009년 9.8조 원, 2010년 16.2조 원의 순이익을 기록했다. 2006년 8.2조 원과 2007년 7.9조 원의 2배를 넘는 순이익이었다.

당시의 경제 상황을 비교해보면 2010년 순이익은 경이로움 그 자체였다. 2006년과 2007년에는 미국의 서브프라임 버블을 비롯한 거의 모든 국가들의 자산 가격 버블이 정점으로 치달았고, 그 버블에 힘입어 전 세계가 장기간 호황을 구가했다. 그에 비해 2010년에는 세계 경제가 위기에서 벗어나고 있었지만, 미국을 비롯한 주요 국가들의

그림 4-16 _ 세계 주요 IT기업의 주가 변동 비교(2007. 12. 31~2010. 4. 2)

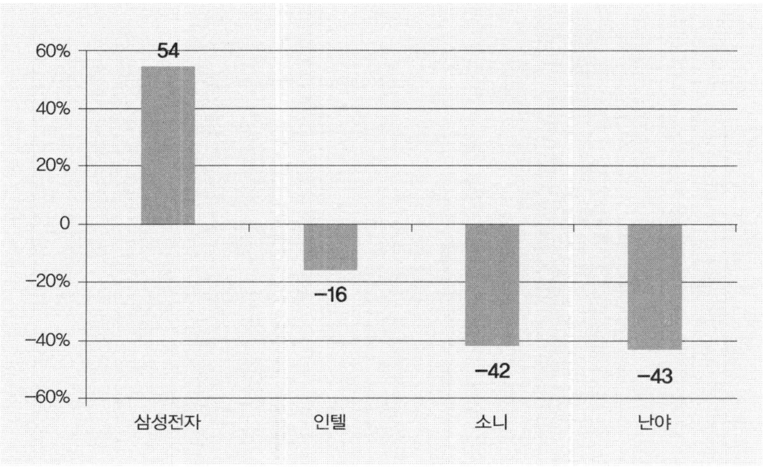

- 삼성전자: 54
- 인텔: -16
- 소니: -42
- 난야: -43

출처: 한국거래소, 나스닥, 동경증권거래소, 대만증권거래소

소비 수요는 위기 이전인 2006년과 2007년의 수준까지 회복되지 않은 상태였다.

그런데 삼성전자는 2010년에 2006년과 2007년의 2배가 넘는 순이익을 거두었으니, 가히 '기적'이라는 표현이 과하지 않았다. 세계 IT기업들의 주가와 비교해보아도 이런 경이로운 현상이 나타난다.

금융위기도 없고 환율 폭등도 없었던 2007년 말과 비교한 2010년 4월의 주가를 보면 삼성전자 주가가 세계적인 IT기업들의 주가를 엄청나게 초과 상승했다. 그 힘은 기업 이익이었다. 몇십 년 만의 최악의 경기 침체를 맞아 다른 기업들은 적자를 면하기 위해 발버둥 치고 있는데, 삼성전자는 사상 최대 이익을 구가하고 있으니 주가가 초과 상승한 것이다. 삼성전자 말고도 LG전자나 현대자동차 등 수출 대기업들의 주가를 동종 업종의 다른 세계적인 기업들과 비교해보아도 비슷한 결과를 얻을 수 있다.

그것이 가능했던 것은 환율 폭등이었다. 삼성전자의 3대 주력 수출 품목인 반도체, 휴대폰, 디스플레이의 세계시장 규모가 2009년에 각각 28%, 8%, 12% 축소되었는데도 사상 최대 이익을 구가한 것은 오로지 환율 폭등 덕분이었다. 삼성전자를 비롯한 수출 대기업들이 무슨 용빼는 재주가 있는 것도 아닐 테고, 설사 있다 한들 최악의 경기 침체에서만 발휘되는 것도 아닐 테니까.

2010년 상장기업 순이익의 47%는 환율 효과였다

기업이 생산한 제품을 파는 시장은 내수시장과 수출시장이다. 한국거래소의 통계 자료에 따르면 상장기업의 총매출에서 수출이 차지하는 비중은 약 54%다.

그 수출시장이 2009년 대침체에 빠졌다. 2010년 6월 1일자 삼성경제연구소의 '최근 한국 수출의 선전 요인과 시사점'에 따르면 2009년 한국의 수출액은 13.9% 감소했고, 수출단가는 16.5%나 하락했다.

상장제조업 매출의 54%를 점하는 수출시장에서 매출이 13.9% 감소하고, 매출단가가 16.5% 하락하면 기업 이익은 어떻게 될까? 사상 최대 손실을 면하기 어려울 것이다.

그런데 상장기업들은 사상 최대 적자는커녕 전년보다 순이익이 71%나 급증했다. 2008년 4분기에 불어 닥친 세계 금융위기의 영향으로 2008년 기업 이익이 급감한 것을 감안하더라도 일반인의 상식으로는 도저히 이해할 수 없는 실적이었다.

상식을 초월하는 사상 최대 이익의 비결이 환율이었음은 이제 모두 알고 있다. 그러면 환율 급등이 상장기업의 이익에 어느 정도 기여했을까?

1장에서 간단한 계산을 통해 환율 폭등에 의한 수출 기업의 이익증가액이 2009년 77조 원, 2010년에는 44조 원이었음을 밝혔다. 그리고 2010년 우리나라 총수출액이 4664억 달러였다.

한국거래소의 발표 자료를 일일이 확인해보면 삼성전자, LG전자, LG디스플레이 등 12월 결산법인 381개 사의 2010년 수출 금액이 417조 원이었다. 그해 평균 환율 1156원으로 환산하면 3609억 달러다. 그러므로 상장기업 381개 사의 수출액이 우리나라 총수출의 77.4%를 점한 것이었다. 이 비율로 계산하면 2010년 고환율에 의한 수출 기업 이익증가액 44조 원의 77.4%인 34조 원이 상장기업의 이익으로 귀속되었음을 알 수 있다.

한국거래소 발표에 따르면 위 381개 사를 포함한 12월 결산법인 586개 사(금융업 제외)의 2010년도 순이익은 72조 원이었다. 72조 원 중 무려 34조 원이 고환율정책 덕분에 발생했다. 만약 고환율정책이 없었다면, 그래서 2010년 평균 환율이 1156원이 아니라 947원이었다면, 상장기업의 순이익은 72조 원보다 47%나 적은 38조 원이었을 것이다.

동일한 방식으로 2009년의 상장기업 순이익 중 고환율정책으로 인한 이익증가액을 계산해보면 더욱 놀랄 결과가 나온다. 고환율정책으로 인한 수출 기업의 이익증가액이 77조 원이었는데, 이 중 77.4%

그림 4-17 _ **2010년 상장기업 순이익에 대한 고환율의 기여도**

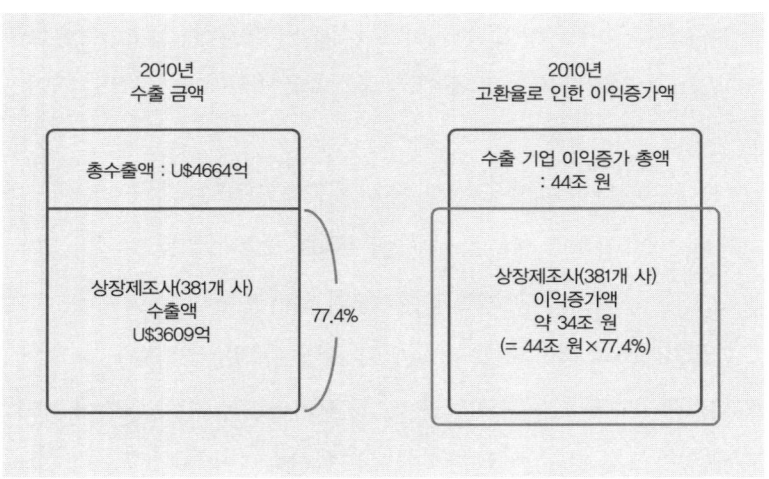

가 상장기업의 이익으로 귀속되었다면 그 금액이 60조 원에 이른다. 2009년도 금융업을 제외한 586개 상장사의 순이익은 45조 원이었다. 고환율정책이 아니었다면 상장기업 전체의 순손실이 15조 원에 달했을 것이다.

만약 지금이라도 고환율정책이 폐기되어 환율이 정상 수준으로 돌아간다면 상장기업의 이익은 어떻게 될까? 그리고 기업 이익에 의해 결정되는 주가에는 어떤 일이 일어날까? 생각하기도 싫은 끔찍한 일이 일어날 것이다.

2011년 2분기 상장기업 순이익 11% 감소

이런 징조가 벌써부터 나타나고 있다. 한국거래소가 2011년 8월

17일 발표한 '유가증권시장 12월 결산법인 2011년도 상반기 영업실적'에 따르면 469개 기업의 2011년 2분기 순이익이 전년 동기보다 11% 감소했다. 한 증권사는 은행업을 제외한 상장기업의 2011년 2분기 영업이익은 전년 동기 대비 15.3% 감소했으며, 순이익은 9.8% 감소했다고 분석했다.

상장기업의 이익이 감소한 가장 큰 원인은 두말할 것도 없이 환율 하락이다. 2010년 2분기 평균 1165원이었던 환율이 2011년 2분기에는 평균 1083원으로 82원 하락했다. 더구나 환율 효과는 시간이 흐른 뒤에 나타난다는 점을 감안하면 이익 감소는 하반기 들어 더 본격화될 것이다.

그런데도 증권사들은 2011년에도 기업 이익이 여전히 증가할 것이라고 말한다. 분석 내용을 샅샅이 훑어보아도 환율 하락에 따른 이익 감소가 얼마인지는 들어 있지 않다. 그것이 2009년과 2010년 기업 이익 증가에 엄청난 영향을 미쳤는데도 말이다. 그런 엉터리 예상치를 토대로, 우리나라 주식이 저평가되어 있으니 지금 가격에 적극 투자하라고 권유하고 있다.

지난 2년여 주식시장의 버블 형성에 결정적 기여를 한 환율이 향후 어떤 방향으로 그리고 어느 정도로 움직일 것인가는 주식시장 향방에 극히 중요하다. 만약 환율이 제자리를 찾아 MB정부 출범일의 947원까지 안정된다면, 상장기업의 순이익은 환율 효과만으로도 47% 하락할 것이다. 이처럼 중요한 환율 전망에 대해 자세히 알아보자.

07

환율과 주가,
어느 방향으로 움직일까

2011년 4월 27일, 재보궐 선거에서 한나라당이 참패했다. 민주당으로서는 난공불락의 요새였고 한나라당으로서는 텃밭과 다름없던, 보수의 대명사격인 분당과 강원도에서였다. 한나라당은 공황 상태에 빠졌다. 도대체 왜 이런 일이 일어난 걸까?

신문과 방송들은 친절하게 집권여당의 패인을 분석해줬다. 다양한 요인들이 거론되었다. 그러나 보수 유권자마저 정권에 등을 돌린 이유는 딱 하나다. MB정부 3년간 국민들의 살림살이가 더 어려워졌기 때문이다.

선거 바로 한 달 전에 〈매일경제신문〉의 여론조사가 이런 결과를 예고했었다. "3년 전과 비교하여 가계경제가 어떤가?"라는 질문에 67.1%의 응답자가 "매우 나빠졌다"고 대답했다. 또 26.3%는 "조금 나빠졌다"고 응답했다. MB정부가 집권하고 나서 3년 동안 우리 국민들 중 93.4%는 살림살이가 더 어려워졌다고 체감하고 있는 것이다.

흥미로운 사실은 "지난 3년간 대기업 경제가 어땠는가?"란 질문에 대해서는 응답자의 58%가 좋아졌다고 대답했다는 점이다. 그 이유가 무엇인지는 정확하게 알지 못하더라도 현실에 대한 인식만은 정확했다. 서민들은 살림이 어려워지고 대기업은 더 좋아졌으니 서민들이 모두 야당에 표를 던진 것은 너무도 당연한 결과였다.

사실 오래전부터 국민들은 여론조사라는 매체를 통해 살림이 나빠지고 있다고 거듭 고통을 호소했다. 2010년 9월 〈아시아경제신문〉이 발표한 여론조사 결과를 보면 "지표로 나타난 경기 회복을 체감하지 못한다"는 응답이 84%로 "체감한다"(8%)의 10배가 넘었다. 또 2011년 1월 말 〈세계일보〉의 여론조사는 "살림살이가 더 힘들어졌다"가 42.5%로 "더 좋아졌다"(5.9%)의 7배가 넘었다.

국민들은 왜 살림살이가 어려워졌다고 체감하고 있을까? 이 역시 여론조사 결과에 분명하게 나와 있다. 위 여론조사에 따르면 "경기 회복을 체감하지 못하는 이유가 무엇인가"라는 물음에 "물가 상승 때문이다"라고 응답한 사람이 64%였고, "정부가 해결해야 할 가장 시급한 과제가 무엇인가"라는 질문에는 "물가 안정"을 꼽은 사람이 54%였다. 또 〈매일경제신문〉은 대통령이 잘못한 경제 정책으로 무려 63%가 "물가 관리"를 지목했다고 전했다.

이처럼 여론조사를 할 때마다 일반 국민들은 살림이 어려워지고 있고, 그 원인이 물가 폭등 때문이라고 분명하게 호소했는데도 MB정부는 귓등으로 흘려듣곤 했다.

정치에 답이 있다

환율이 어떻게 움직일지를 전망하는 글의 서두에서 왜 정치 이야기를 꺼내는지 의아해하는 사람이 있을지 모르겠다. 그에 대한 필자의 대답은 이렇다. "정치에 답이 있다."

MB정부의 고환율정책은 정치적인 의도로 행해진 것이었다. 자칭 '환율주권론자'들은 경제적인 명분들을 늘어놓겠지만, 이 책의 1장부터 3장까지 속속들이 뜯어보았듯이 고환율정책의 경제적 효과는 터럭만치도 찾을 수 없었다. 오직 수출 대기업의 이익을 천문학적으로 늘려주고 국제투기자금을 끌어들여 거대한 머니게임을 벌인 것뿐이었다.

그랬기에 서민들의 실질소득이 3년간 무려 174조 원이나 감소하고, 그 영향으로 내수가 침체되고, 자영업자들은 매일 2000곳씩 문을 닫고, 우량 수출 중소기업들이 도산하고, 직원들은 직장을 잃고, 가계부채는 폭발 직전의 활화산처럼 위험수위에 이르는 등등 셀 수 없는 문제점들에도 눈 하나 깜짝하지 않았던 것이다.

그런데 선거에서 참패하여 정치적으로 위기에 처한 집권세력 중 일부가 뒤늦게 정신을 차려보니 그 뿌리가 고환율정책이었다는 것을 깨달았다. 이제 정치적으로도 고환율정책을 무리하게 지속하기 어려운 상황이 된 것이다. 자칭 환율주권론자들의 목소리에 집권세력의 상당수는 귀 기울이지 않는 상황이다. '물가 안정'만이 집권세력의 새 화두가 되었다.

급기야는 경제 정책을 책임진 장관이 공개적으로 "물가를 낮출 방안을 범국민적인 공모를 통해 강구하겠다"고 발표하는 코미디까지 벌어졌다. 도대체 이게 무슨 소린가? 그러면 물가를 잡을 방법을 몰라서 지금까지 아예 손 놓고 있었단 말인가? 그리그 국민들이 물가를 안정시킬 방법을 알려주면 이를 실행할 의지는 있단 말인가?

물론 그럴 리가 전혀 없다. 단지 궁지에 몰린 위기상황을 일시적으로 모면해보려는 잔꾀일 뿐이다. 왜 MB정부 3년간 물가가 하늘 높은 줄 모르고 치솟았는지, 어떻게 해야 물가를 안정시킬 수 있는지는 경제 전문가가 아니라도 누구나 알고 있다.

경제 이론을 끄집어낼 것도 없이 '물가 상승=화폐가치 하락'은 이제 상식이 되었다. 그러므로 물가 안정을 위해서는 화폐가치를 안정시켜야 한다. 그리고 화폐가치 안정을 위한 두 개의 열쇠인 통화정책과 환율정책은 온전히 MB정부 손에 들려 있다.

더 이상의 '쇼'와 '립 서비스'는 국민들의 짜증을 북돋울 뿐이다. 말이 필요 없다. 손에 들고 있는 두 개의 열쇠로 물가 안정이라는 금고를 열기만 하면 된다. 그 금고에 갇혀 있는 '금리'와 '환율'을 꺼내어 국민들의 물가 고통을 해결하는 것만이 돌아선 민심을 되돌릴 수 있는 방법이다.

그런데 문제는 두 개의 열쇠 중 하나는 사용할 시기를 이미 놓쳤다는 사실이다. IMF는 이미 오래전인 2010년 7월 공식적인 경제 정책 자문서인 '2010년 IMF의 한국 경제 정책 자문'에서 금리 인상과 환율 인하를 강력하게 권고했다. MB정부가 이를 들은 체도 하지 않자 또다시 '2011년 IMF의 한국 경제 정책 자문'에서 금리 인상과 환율 하락을 권고했다.

물론 IMF뿐만 아니라 수많은 전문가들이 신속한 금리 인상을 때로는 권고하고 때로는 경고했는데도 MB정부는 이를 깡그리 묵살했

그림 4-18 _ **아시아 국가 환율 변동(2011.8.1~9.26)**

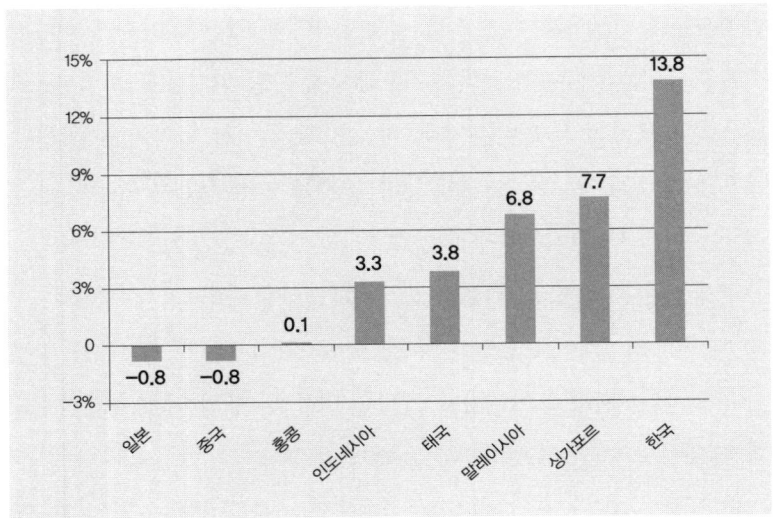

출처 : 한국은행

다. 그리고 2011년 9월 23일 한국은행 총재는 "경제에 무리를 주면서 물가를 잡지 않겠다"고 공언했다. 한국은행이 통화정책의 총체적 실패를 자인하고, 더불어 자신의 존재 이유마저 부인한 것이다.

집권세력으로서는 다른 하나의 열쇠인 환율이 더 중요해졌다. 과연 현 집권세력이 환율이라는 열쇠 하나로 물가 폭등을 일부라도 잠재울 의지가 있을까? 이 역시 정치의 영역이다. 환율주권론자들의 권력이 아직도 살아 있으므로 집권세력 내부의 힘의 균형이 어느 쪽으로 기우는가에 따라 좌우될 것이다.

2011년 8월 주가 대폭락이 일어나고 금융시장이 불안해지자 또다시 환율주권론자들이 득세하는 양상이다. 그들은 이런 절호의 기회를 놓치지 않고 8월 1일 1050원이었던 환율을 9월 26일 1196원까지 끌어올렸다. 두 달도 안 된 기간에 14%나 폭등시켰다. 같은 기간 동안 아시아 국가들의 환율은 3~8% 상승에 그쳤는데 말이다.

환율주권론자들이 다시 득세하고 두 달 만에 환율이 14%나 폭등하자 또다시 주식시장을 낙관하는 목소리들이 커질지 모르겠다.

"MB정부가 무리해서라도 고환율을 유지하기만 하면 상장기업의 이익은 2010년 수준을 유지할 것이고, 코스피 2000을 지켜낼 수 있다."

2012년 1월 외국인이 무려 6.2조 원에 달하는 국내주식을 순매수하고 코스피가 2000에 근접하자 이들의 목소리는 더 커지고 있다.

그러나 이는 동전의 앞면만을 보고 그 뒷면을 보지 못한 것이다. 환율이란 양날의 칼이다. 수출 대기업들에 천문학적인 이익을 안겨준 이면에는 그만큼의 손실을 떠안아야 하는 경제주체가 존재한다. 그리고 그 경제주체들의 손실은 여러 경로를 통해 결국 주식시장에 영향을 미친다.

"경제에 공짜 점심은 없다"

경제학에서 만고불변의 진리인 "경제에 공짜 점심은 없다"가 환율에서만큼 딱 들어맞는 곳도 드물 것이다. 3년간 174조 원의 가계소득 감소가 공짜 점심의 이면에 감추어진 대가였다.

고환율로 인한 가계의 실질소득 감소는 한국경제에 수많은 문제들을 야기했다. 그중에서도 혹독한 내수 침체와 폭발 직전의 가계부채, 그리고 목전으로 다가온 부동산 버블 붕괴는 어느 것 하나 주식시장에 심대한 영향을 미치지 않을 것이 없다. 그리고 이 세 문제 모두 고환율이 낳은 기형아들이다. 그러니 주식투자자들은 고환율이 만든 기업 이익 증가라는 양지만 볼 것이 아니라 그보다 더 중요한 세 개의 경제문제라는 음지도 함께 보아야 한다.

세 문제 중 가장 심각하면서도 다른 두 문제에 파급효과가 지대한 가계부채를 보자. 무릇 어떤 경제주체든 빚이 늘면서 동시에 수입이 줄어들면 부도라는 벼랑 끝으로 내몰리는 것이 자명한 이치다. 전 세계 금융시장을 뒤흔들고 있는 그리스 부도위기가 그 진리를 온몸으로 보여주고 있다. 국가부채는 껑충껑충 뛰는데 재정수입은 감소했으니 국가가 부도위기에 처한 것이다.

한국 가계들이 처한 상황도 그리스와 별반 다르지 않다. 3장에서 보았듯이 MB정부 이후 가계부채가 비 온 뒤 독버섯 자라듯 쑥쑥 자라났다. 게다가 가계의 실질소득은 MB정부 3년 6개월간 15.3% 이상 감소했다. 가계들의 부채 상환 능력이 바닥으로 떨어진 것은 당연한 결과였다. 가계부채의 상환 능력을 나타내는 지표인 '가처분소득 대비 가계부채 비율'을 미국과 비교해보면 이런 아슬아슬한 상황이 한눈에 들어온다.

〈그림 4-19〉를 보자. 서브프라임 버블이 절정에 달했던 2007년 말 미국의 가처분소득 대비 가계부채 비율이 136%였다. 미국 가계들이 대출 원금과 이자에 대한 상환 부담을 견디지 못해 연체가 급증했고, 은행은 즉각 대출 조이기에 들어갔다. 그 결과 서브프라임 사태가 터졌다.

한국은 어떤가? 우연하게도 2007년 말 이 비율이 미국과 같은

그림 4-19 _ 한국과 미국의 가처분소득 대비 가계부채 비율

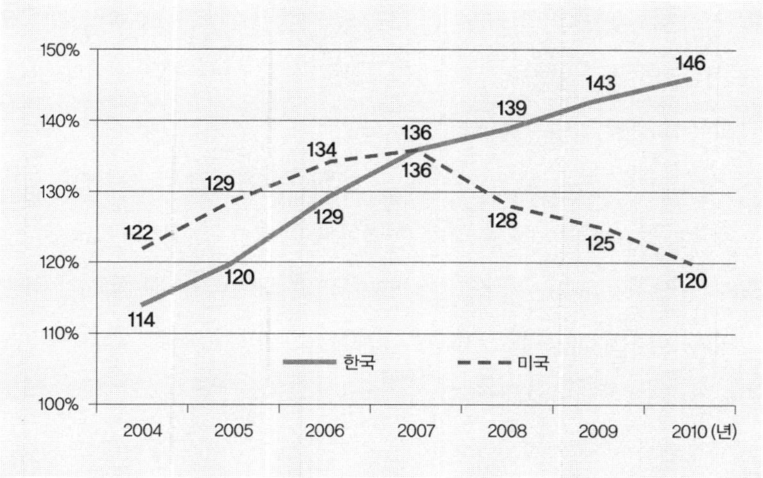

출처 : 한국은행

136%였다. 한국의 가계들은 미국과 달리 오히려 대출을 더 늘렸고 이 비율은 치솟았다. 2010년 말에는 이 비율이 146%에 달했으니 한국 가계들의 대출 상환 능력은 극도로 취약한 상태다.

혹시 한국은 미국과 상황이 다르다며 낙관적인 견해를 피력할 사람이 있을지 모르겠다. 그 근거로 2008년 이후 3년간이나 이 비율이 계속 상승한 사실을 제시할 수도 있다. 그러나 이는 MB정부의 무리한 사상 최저 금리 유지와 대출 원금 상환 유예조치가 만든 지극히 비정상적인 상황이며, 가계들은 가계부채를 간신히 버티고 있는 상태다. 중요한 사실은 가계부채 문제가 터지면 경제적 충격이 미국의 서브프라임 사태보다 더 심대할 가능성이 크다는 점이다.

더 심각한 사실도 있다. 가계부채 문제의 탈출구가 없다는 점이다.

가계부채를 해결할 방법은 가계부채를 갚아나가는 것인데, 가계부채가 감소세로 반전되면 그 순간 부동산 버블이 와르르 무너질 것이기 때문이다. 금융당국이 2011년 8월 '가계부채의 연착륙'을 외치다가 곧 잠잠해진 것도 이런 이유 때문이었다.

가계부채 문제를 해결하는 다른 방법은 가계의 소득 증가다. 가계부채 문제의 핵심은 부채 상환 능력이 취약해진 것이므로 소득을 증가시켜 상환 능력을 키우면 가계부채의 연착륙이 수월해질 것이다. 그러나 이 또한 말처럼 쉽지 않다. 가계소득의 약 65%를 책임진 중소기업들이 임금을 인상해줄 수 있는 형편이 아니기 때문이다.

가계부채 문제의 진정한 해법은 '결자해지'다. MB정부 3년간 174조 원의 가계소득 감소를 초래한 고환율정책을 폐기하는 것만이 가계소득 회복의 지름길이다.

내수 침체와 가계부채 문제, 그리고 부동산 버블 붕괴의 핵심에는 가계소득 감소가 자리하고 있다. 가계소득이 증가하지 않고서는 어느 하나도 해결의 실마리를 찾을 수 없다. 그런데도 MB정부는 국제투기자금이 한국을 빠져나갈까 노심초사하면서 수단과 방법을 가리지 않고 고환율을 유지하려 안간힘을 쓰고 있으니 답답한 마음을 금할 수 없다.

| 에필로그 |

주식시장과 경제에 몰아칠
회오리에 대비하자

"MB정부 3년간 고환율정책으로 174조 원의 가치소득이 수출 기업의 이익으로 이전되었다."

이것이 이 책의 핵심 메시지다. 이 핵심 메시지를 이해했다면 '환율'을 이해한 것이다. 독자들은 이미 깨달았겠지만, 환율이란 참 쉬운 경제 현상이다. 환율은 달러의 가격이다. 정부가 인위적으로 외환시장에 개입해 이 가격을 상승시키면 달러를 파는 사람은 이익을 보고, 달러를 사야 하는 사람은 손해를 본다. 초등학생도 금방 알아들을 상식인 것이다. 그 쉬운 상식을 우리가 일상에서 접하는 여러 경제 현상을 통해 알기 쉽게 전달하려는 것이 이 책의 목적이다.

핵심 메시지가 쉽다고 해서 그 효용마저 보잘것없는 것은 아니다. 오히려 그 반대다. 환율은 지금의 한국경제와 주식시장 전반을 이해하는 세 개의 열쇠 중 하나기 때문이다. 그것을 제대로 응용하기만 하면 지금 벌어지고 있는 여러 경제 현상들을 쉽게 이해할 수 있다.

그중 하나가 주식시장이다. 주가를 결정하는 두 요소인 기업 이익과 유동성이 모두 환율의 직접적인 영향권하에 있다. 그러므로 환율을 분석하면 지금 주식시장이 어떤 상황인지를 명쾌하게 들여다볼 수 있다. 아울러 환율이 어떤 방향으로 움직일지를 알면 주식시장의 향방을 알 수 있다.

MB정부가 지난 4년간 조자룡이 헌 칼 휘두르듯 마구 휘둘러댄 유동성, 환율, 재정적자 전선에 이상 조짐이 감지되고 있다. 이 세 정책 수단을 무소불위로 휘둘러 쌓아올린 자산 버블에 이곳저곳 금이 가고 있다. 환율 역시 큰 균열이 생기고 있다.

고환율 덕에 이익이 급증한 수출 대기업의 주가는 천정부지로 치솟았고 덩달아 주식시장은 호황을 구가했다. 양지가 있으면 음지가 있는 것이 세상 이치다. 고환율로 실질소득이 감소한 가계들이 소비를 유지하기 위해, 그리고 부동산 투자를 위해 앞다투어 대출을 받았으니, 대출을 상환할 능력이 바닥으로 떨어졌다.

가계부채 문제가 폭발 직전의 활화산처럼 재앙으로 다가오고 있다. 내수 침체도 눈앞으로 다가왔다. 이른바 고환율의 역습이 시작되고, 한국경제와 주식시장에 회오리가 몰아칠 기세다. 독자들이 이 책을 통해 그 회오리에 대비할 수 있기를 기대한다. 제대로 대비만 한다면 회오리가 지나간 뒤 한국경제는 체력이 더 강해질 수도 있다.

더 큰 바람도 있다. 국민 모두가 환율 전문가가 되어 또 다른 고환율정책이 다시는 고개를 쳐들 수 없게 되기를 간절히 바란다.